Inhalt

Vorwort ... 4

Marxismus und Prostitution ... 6

Frauen in linken Organisationen ... 22

Vorwort zur 2. Auflage

Die vorliegenden Texte wurden erstmals im Frühjahr 2010 veröffentlicht. Insbesondere die Streitschrift gegen Helen Wards Broschüre »Marxismus versus Moralismus« mit dem Titel »Prostitution: Wider die Neubewertung gesellschaftlicher Barbarei« erntete seither unvorhergesehenes Interesse. Wir erhielten Anrufe aus dem Wiener Rotlichtmilieu, die darauf bestanden, dass ein medienbekannter Wiener, der sich laut Eigendefinition »um die Probleme von SexarbeiterInnen« kümmert, nicht als »Zuhälter« bezeichnet werden dürfe. Angesichts dieser freundlichen, aber nachdrücklich vorgebrachten Bitte, nahmen wir eine kleine redaktionelle Änderung des Textes vor. Dann kontaktierte uns ein Assistent von Prof. Ward aus London. Er bat darum, ihm den Text in digitaler Form zukommen zu lassen, um eine Übersetzung ins Englische zu erleichtern. Helen Wards angekündigte Antwort steht allerdings – unseres Wissens nach – bis heute aus.

Dieses breit gestreute Interesse war für uns überraschend, dieser Text war ursprünglich allein für die Selbstverständigung der UnterstützerInnen der marxistischen Strömung »Der Funke« gedacht. In früheren Schriften zur Frage der Frauenbefreiung hatten wir ungeschaut die Forderung nach sozialen Rechten für SexarbeiterInnen übernommen. Erst in späteren Debatten thematisierten wir die Widersprüchlichkeit der Reformforderungen und des Kampfes um die gesellschaftlichen Akzeptanz der Prostitution: Einerseits ist diese politische Stoßrichtung nicht mit der real existierenden Prostitution als Massenphänomen migrantischer und ökonomisch armer Frauen in Übereinstimmung zu bringen. Andererseits stellt sich die Frage, was es für die Befreiung der Frau im Allgemeinen bedeutet, wenn der Kauf und Gebrauch von Frauen ein gesellschaftlich akzeptierter Tauschhandel ist?

Diese Fragen zu beantworten wurde eine politische Notwendigkeit, als sich eine Interessensallianz zur gesellschaftlichen Aufwertung der kommerziellen Frauenausbeutung bildete, die von Teilen der radikalen Linken über die Sozialdemokratie und das liberale Feuilleton (»Laufhaus statt Feierabendbier«) bis hin zu Staat und KapitalinvestorInnen reichte.

Als wir diese Broschüre erstmals herausgaben, wurden wir in den linken Zusammenhängen Wiens als verkorkst sexual- und frauenfeindlich missverstanden. Eine Ablehnung der Prostitution wurde mit dem Festklammern an den Resten der morschen und lustfeindlichen bürgerlichen Moral gleichgesetzt. Demgegenüber wurde die Sexarbeiterin zur Ikone des emanzipierten, selbstbestimmten Lustempfindens stilisiert.

Ideologisch lag dieser Sichtweise das neoliberale Postulat zugrunde, dass es gar keine menschliche Gesellschaft, sondern nur Individuen gäbe. Der Postmodernismus hat die wissenschaftliche Analyse der Gesellschaft weggeworfen und durch die Erzählung der oder des Einzelnen ersetzt. Die selbstbewusste »Hure« gibt es, allein sie ist die Ausnahme und kein gesellschaftlich verallgemeinerbares Phänomen.

Das Verschweigen von Armut, Migration, Missbrauch, Verschleppung und Zwang sollte Frauen aus der Opferrolle holen, sie zu Subjekten machen. Das einzige was jedoch real verschwunden ist, ist der Täter. Zuhälter werden nicht mehr gerichtlich verfolgt, sie sind heute Sicherheitsdienstleister. Und die sexualisierte »Männlichkeit« hat sich das Flat-Rate Refugium mit willigen und billigen Frauen geschaffen.

Die zu Klassenbewusstsein erwachte und organisierte Sexarbeiterin ist jedoch bis zum heutigen Tag eine Luftgestalt, obwohl mehrere Gewerkschaften (Ver.di, GMT, CCOO) dementsprechende Interessensgruppen gebildet haben.

Auch die soziale Situation der Prostituierten hat sich nicht verbessert, weniger als 1% der Prostituierten sind 10 Jahre nach der erfolgten Legalisierung in Deutschland sozialversichert. Es ist kein Zufall, dass das Prostitutionsgesetz 2002 zeitgleich mit der Agenda 2010 – den neoliberalen Arbeitsmarktreformen – durchgesetzt wurde. Wir können heute ohne Einschränkung sagen, dass der wichtigste Effekt dieser Legalisierung der Boom der Sex-Industrie war.

Unser Ansatz unterscheidet sich insofern von den NGO-Ansätzen, als dass wir die Begrenztheit des gesetzlichen Kampfes gegen Prostitution anerkennen. Auch wenn im sogenannten schwedischen Modell die polizeiliche Verfolgung am Freier ansetzt, so zeigt die Praxis doch, dass schlussendlich die Prostituierte am kürzesten Ast sitzt. So verlangen Freier etwa nun viel öfter ungeschützten Geschlechtsverkehr, weil gebrauchte Kondome als Beweismittel gegen die Freier verwendet werden können.

Der wichtigste Ansatz zur Reduktion und schlussendlichen Überwindung des Warencharakters des menschlichen Körpers und der Sexualität liegt in der Beseitigung der Armut und aller Gesetze und Strukturen, die Menschen in Prostitution drängen und darin festhalten. Der Rest ist Bewusstseinsarbeit am Konsumenten gekaufter Sexualität. Massenorganisationen wie Gewerkschaften wären dafür gute Ansatzpunkte.

Dies eröffnet eine befreiende Perspektive für alle Beteiligten. Unsere Kritik an der Prostitution ist keinesfalls eine Kritik an der Prostituierten, sondern am Menschenbild, das von sexuell-monetärer Verfügbarkeit geprägt wird. Die Normalisierung von Prostitution ist die kulturelle Zementierung von männlich-dominierten Geschlechterverhältnissen. Die allzeit verfügbare Frau trifft vermittelt vom freien Markt auf den allzeit sexuell potenten Mann. Dass der Reichtum sexueller Phantasien und deren Verwirklichung auf einen Warenfetisch reduziert wird, degradiert Frauen und verarmt das Leben von Männern gleichermaßen.

Die ehemalige Prostituierte Tanja Rahm bringt die befreiende Perspektive des Kampfes gegen den Warencharakter von Menschen und Sexualität in einem vielbeachteten offenen Brief an ihre ehemaligen Freier treffend auf den Punkt: »Lass uns rufen, dass Sex keine Ware ist, aber dass es großes menschliches Leid gibt, wenn es wie eine solche angesehen wird. Lass uns in die Welt rufen, dass Geld und Sex nicht zusammengehören, sondern dass Sex unter ganz anderen Gesichtspunkten stattfinden sollte. Dann gewinnst Du meinen Respekt wieder, und ich werde Dich als den Menschen ansehen, der Du bist – und nicht als Sexkunden, der sich von einer Illusion leiten lässt.«

Wider die Neubewertung der Barbarei - Marxismus und Prostitution

Unter dem Titel »Marxismus versus Moralismus« (online veröffentlicht auf: http://www.trend.infopartisan.net/trd7807/t407807.html) unternimmt die britische Akademikerin Helen Ward den Versuch, Prostitution einer positiven Neubewertung aus marxistischer Sicht zu unterziehen. Sie erntet dabei breite Zustimmung, die von AkademikerInnen über die bürokratischen Apparate der Arbeiterklasseorganisationen bis hinein in Teile der radikalen Linke reicht. Wir nehmen dies zum Anlass unsere »dogmatische« Haltung zur Prostitution und der Notwendigkeit eines Kampfes zur Abschaffung derselben einer kritischen Prüfung zu unterziehen.

Eine positive Bewertung der Prostitution unter dem Titel »Sexarbeit« gilt heute als Status quo, den man nicht ungestraft unterbieten darf. Stellt man sich dem entgegen, setzt man sich vielfältiger Kritik aus. Diese reicht vom Vorwurf des »(konservativen) Moralismus« über jenen der Missachtung von Marginalisierten, bis zu Lustfeindlichkeit und sogar dem Vorwurf des Sexismus: »Wir müssen der Doppelmoral entgegentreten, die Frauen das Recht auf freie Sexualität zu verwehren sucht, während sie sie bei jungen Männern fördert. Das ist Teil des Kampfes gegen Sexismus.«

Angesichts der Vielfalt dieser schweren Geschütze ist es nicht verwunderlich, dass viele Linke, individuell und kollektiv die Fahnen strichen und die scheinbar unhaltbar gewordene klassisch marxistische Position der Ablehnung der Prostitution fluchtartig verließen.

Wir sehen darin einen weiteren Sieg der Ideologie der morschen bürgerlichen Gesellschaft über den revolutionären Marxismus. Die positive Uminterpretation gesellschaftlicher Barbarei musste die Linke in den vergangen zwei Jahrzehnte in vielen Fragen erdulden. In der Frage der »Sexarbeit« betreibt sie die Revision des marxistischen Menschenbildes (und hier sei angemerkt, auch die Spaltungsfrage für die Überreste des radikalen Feminismus) aber sogar aktiv.

Marx als Zierde oder Methode?

Ward hält sich nicht lange damit auf, marxistische Klassiker zu verstehen und richtig wiederzugeben, in postmoderner Manier nimmt sie einige Marx-Engels Zitate her und hängt diese wie Lametta über ihre eigene Ideenwelt.

Besonders deutlich ist diese Methode in ihrer Abhandlung der Stellung der Prostitution in der Klassengesellschaft. Sie kommt hier nicht umhin, Engels Werk »Die Entstehung des Privateigentums, der Familie und des Staates« ihre Referenz zu erweisen. Engels umfangreiche Studie weist nach, dass das Zusammenleben der Menschen von der Sexualität über die Familienform bis hin zur Organisation des Gemeinwesens historisch gewachsen und von der Produktionsweise der jeweiligen Gesellschaft bedingt ist. Im Urzustand des menschlichen Gemeinwesens basierte die Wirtschaft auf Kooperation und kannte kein Eigentum an den Werkzeugen und den Produkten der Arbeit. Dieser Gesellschaftszustand hielt sich über die Neolithische Revolution hinweg und wurde erst durch das Entstehen einer komplexeren Landwirtschaft (Lagerhaltung und Bewässerung) und der darauf basierenden städtischen Hochkulturen abgelöst. Die damit einhergehende Aufspaltung der Gesellschaft in Klassen (die sich in der Stellung von Menschengruppen zu den nunmehr privaten Produktionsmitteln ergibt) entwickelt erst den Staat (also eine permanente Institution der gesellschaftlichen Organisation und Unterdrückung der Mehrheit durch eine von Arbeit befreite Minderheit) und die Familie. Dies ist auch der Zeitpunkt, an dem der Mann sich durch seine Stellung in Produktion und als Familienernährer sich über die Frau erhebt und diese gesellschaftlich marginalisiert. Die Position der Frau ist nun jene der Hausfrau und Kindererzieherin. In der »Urgesellschaft herrschte unbeschränkter Geschlechtsverkehr innerhalb eines Stammes, so dass jede Frau jedem Mann und jeder Mann jeder Frau gleichmäßig gehörte«. In einer Klassengesellschaft jedoch ist es von großer Bedeutung, dass die Erbschaft innerhalb der Familie erfolgt, die absolute Treue der Ehefrau gegenüber ihrem Mann (und Familienernährer) wird zu einer zentralen ökonomischen Kategorie. Es entsteht das Konzept der uns heute bekannten Familie. Die Monogamiepflicht gilt insbesondere für Frauen, deren Nachkommen nun die legitimen Erben des Familienvermögens sind. Männer jedoch nützen ihre privilegierte Stellung und können ihr Bedürfnis nach polygamen sexuellen Beziehungen durch die Inanspruchnahme sexueller Dienstleistungen befriedigen. Diese wurde ursprünglich als religiöser Dienst verschleiert (Hetärismus oder Tempelprostitution) und später profanisiert. Engels schreibt (und dies übernimmt Ward): »Monogamie und Prostitution sind zwar Gegensätze, aber untrennbare Gegensätze, Pole desselben Gesellschaftszustandes.« Ward belässt es nun dabei und kommt zu folgender Schlussfolgerung: »Was diese Frauen (gemeint sind »Hetären, Kurtisanen, Bordellarbeiterinnen«, Anm.) verbindet, ist die Ausübung von Sex außerhalb der familiären Privatsphäre, wo Sex in Verbindung mit Reproduktion und Erhaltung des Haushaltes steht.« Hier ist eine positive Interpretation der Prostitution als Akt der individuellen sexuellen Befreiung der Frau impliziert, was sowohl im Gegensatz zu allen Erfahrungen des kapitalistischen Sexbusiness, als auch diametral gegen Engels Analyse steht. Eine Seite weiter schreibt Engels: »Der Hetärismus ist eben eine gesellschaftliche Einrichtung wie jede andere; er setzt die alte Geschlechtsfreiheit fort - zugunsten der Männer. In der Wirklichkeit nicht nur geduldet, sondern namentlich von den herrschenden Klassen flott mitgemacht, wird er in der Phrase verdammt. Aber in der Wirklichkeit trifft diese Verdammung keineswegs die dabei beteiligten Männer, sondern nur die Weiber: Sie werden geächtet und ausgestoßen, um so nochmals die unbedingte Herrschaft der Männer über das weibliche Geschlecht als gesellschaftliches Grundgesetz zu proklamieren.«

Die Rückeroberung sexueller Freiheit der Frau in der Klassengesellschaft sieht Engels keineswegs in der Prostitution, sondern im »ständigen Liebhaber der

Frau« Engels weiter: »Die Männer hatten den Sieg über die Weiber errungen, aber die Krönung übernahmen großmütig die Besiegten. Neben der Einzelehe und dem Hetärismus (Prostitution, Anm.) wurde der Ehebruch eine unvermeidliche gesellschaftliche Einrichtung - verpönt, hart bestraft, aber ununterdrückbar.« Dies scheint überoffensichtlich und einfach, mitten aus dem Leben gegriffen. Und dennoch zieht Frau Professor Ward die Möglichkeit des Seitensprunges als Akt weiblicher Selbstbestimmung nicht mal in Betracht und verbannt diese stattdessen in die Prostitution.

Wir wagen zu wetten, dass Frauen an jedem beliebigen Ort der Welt sich in Engels Liebhaber-Modell wiederentdecken können und auf Wards Lockrufen, ihre freie weibliche Sexualität doch im Puff um die Ecke auszuleben, leicht verzichten können.

Prostitution eine Ware?

Helen Ward will das Phänomen Prostitution mithilfe von Kriterien der marxistischen Ökonomie erklären. Da sie Prostitution als »gewöhnliche« Lohnarbeit sieht, hält sie die Anwendung der marxistischen Terminologie für gerechtfertigt. Dadurch endet sie bei absolut unsinnigen Aussagen, aber diese sind nur die Konsequenz dessen, dass sie Prostitution als normales »kapitalistisches Ausbeutungsverhältnis« sieht und folglich von Sexarbeiterinnen spricht.

Wir haben bereits den historischen Ursprung der Prostitution besprochen. Das sollte uns darauf aufmerksam machen, dass es sich um kein nur der kapitalistischen Produktionsweise eigenes Phänomen handelt und dass folglich bei der Anwendung der marxistischen ökonomischen Kategorien, die aus der Analyse des kapitalistischen Systems entwickelt worden sind, Vorsicht geboten ist. Es gibt im heutigen kapitalistischen System durchaus auch Überbleibsel anderer Produktionsweisen, die der Kapitalismus zwar beeinflusst beziehungsweise sich zu Nutze gemacht hat, die aber nicht kapitalistische Warenproduktion in Reinform (d.h. Produkt industrieller Massenproduktion) sind und sich daher als für die ökonomische Analyse problematisch darstellen. Beispiele für Arbeit, die unter diese Kategorie fallen, sind Hausarbeit, Zwangsarbeit und Sklavenarbeit. Auch bei einem Kunstwerk (Bsp. ein Bild von Picasso) lässt sich die Arbeitswerttheorie nicht anwenden, denn bei einem Einzelstück kann de facto ein Fantasiepreis verlangt werden. Nur die Preise von in kapitalistischer Massenproduktion erzeugten Gütern müssen um den Arbeitswert schwanken.

Nun wollen wir einige Beispiele für Wards absurde Schlussfolgerungen bringen. Nachdem Ward festgestellt hat, dass die Prostituierte eine Ware verkauft, schreibt sie Folgendes: »Waren haben sowohl einen Gebrauchswert als auch einen Tauschwert. Der Gebrauchswert von Prostitution ist die Befriedigung der Sehnsüchte des Klienten, die Bereitstellung sexuellen Genusses. Der Tauschwert ist die in der Ware enthaltene, gesellschaftliche Arbeit, also die physische und mentale Arbeit, die in der Bereitstellung der sexuellen Dienstleistung enthalten ist. Sie entspricht dem, was eine Sexarbeiterin braucht, um sich zu reproduzieren unter den gesellschaftlich durchschnittlichen Bedingungen für diese Industrie.«

Zitate wie dieses (die sich in Wards Text zuhauf finden) können wohl nur als Veräppelung des Marxismus verstanden werden. Sie verwendet wissenschaftliche Ausdrücke, schafft es aber gleichzeitig nicht, eine konsistente Theorie aufzustellen. Das Problem beginnt schon damit, dass sie nicht genau sagen kann, was die Prostituierte denn nun verkauft. Sie schreibt zunächst: »Wie die meisten kommerziellen Transaktionen im Kapitalismus baut die Prostitution auf Verkauf und Kauf einer Ware. In Alltagssprache übersetzt, eine Prostituierte ‚verkauft ihren Körper'. Doch das ist eine Fehlbezeichnung, denn am Ende der Transaktion »besitzt« der Klient nicht den Körper der Prostituierten.«

Das alleine bedeutet aber noch nicht, dass es sich automatisch um Lohnarbeit handeln muss. Auch bei Zwangsarbeit oder Hausarbeit geht die arbeitende Person nicht in fremden Besitz über, dennoch handelt es sich nicht um kapitalistische Produktion im klassischen Sinne. Auch das Faktum, dass die Prostituierte von ihrem Freier oder der Puffmutter Geld erhält, bedeutet nicht automatisch, dass sie »Lohnarbeiterin« ist, oder dass sie an der »kapitalistischen Produktion« teilnimmt. Auch ein Kunstwerk/ein Einzelstück, ein Fossil oder eine antike Vase werden gegen Geld verkauft, aber deswegen wurden sie noch lange nicht in kapitalistischer Produktion hergestellt.

Nachdem uns Ward gerade oben wissen ließ, dass es eine »Fehleinschätzung« wäre, dass die Prostituierte ihren Körper verkauft, schreibt sie Folgendes: »In diesem Sinn kann man bei Sexarbeiterinnen - wie bei allen anderen LohnarbeiterInnen - insofern am ehesten vom ‚Verkauf ihrer Körper' sprechen, als sie ihre Arbeitsfähigkeit verkaufen. Wie jedoch Marx im ersten Band des Kapitals erklärt, ist das nicht gleichbedeutend mit einem Verkauf von sich selbst: ‚Dass der Eigentümer der Arbeitskraft sie stets nur für bestimmte Zeit verkaufe, denn verkauft er sie in Bausch und Bogen, ein für allemal, so verkauft er sich selbst, verwandelt sich aus einem Freien in einen Sklaven, aus einem Warenbesitzer in eine Ware.'«

Ward sagt also: 1. Es ist eine »Fehleinschätzung«, dass sie ihren Körper verkauft, 2. Sie verkauft ihren Körper, »aber nicht sich selbst«. Wie man seinen Körper von sich selbst trennen kann, bleibt Wards mythisches Geheimnis, das jedem psychologischen und medizinischen Verständnis des Menschen widerspricht.

Nachdem uns Ward also nicht sagen kann, was verkauft wird, enttäuscht sie auch unsere Hoffnung zu erfahren, WER denn verkauft: Denn laut ihren Worten sind nicht alle »Sexarbeiterinnen« lohnabhängig: »Die meisten Sexarbeiterinnen sind jedoch weder Sklavinnen noch Lohnarbeiterinnen – [...] Viele Sexarbeiterinnen sind Direktverkäuferinnen; sie arbeiten nicht für andere, sondern treiben direkten Handel mit dem Klienten. Auch sie verkaufen eine Ware, doch es ist nicht ihre Arbeitskraft, sondern eine Ware, in der ihre Arbeit enthalten ist, also die sexuelle Dienstleistung, und sie verkaufen sie direkt an den Käufer. Sie sind also Selbständige, auch wenn sie in den meisten Ländern nicht legal als solche erfasst werden können. Manche verfügen über Ressourcen und besitzen oder mieten ihre Produktionsmittel - die Räumlichkeiten, Telefone und andere Werkzeuge ihres Gewerks. Sie

9

sind klassische Kleinbürgerinnen. Viele Frauen in dieser Situation sind jedoch weit vom Bild einer selbständigen Unternehmerin der Mittelklasse entfernt. […] Diese Personen sind nur am Rand in die kapitalistische Wirtschaft eingebunden - sie sind Teil dessen, was Marx das Lumpenproletariat genannt hätte. […] Deshalb sind einige Prostituierte Arbeiterinnen, einige Sklavinnen, die meisten Kleinbürgerinnen und einige wenige Kapitalistinnen.«

Wir bieten wieder eine Zusammenfassung von Wards Absurditäten: 1. Die »Sexarbeiterinnen« sind gar nicht nur Arbeiterinnen, sondern können eigentlich fast jeder vorstellbaren Klasse angehören (Arbeiterin, Kleinbürgerin, Kapitalistin, Sklavin, etc.); 2. Meistens sind sie Kleinbürgerinnen, die aber eigentlich Lumpenproletarierinnen sind. Nach derselben Logik ist ein Bettler, der den Zettel auf dem »Ich habe Hunger. Eine Spende bitte« selbst besitzt (was wahrscheinlich ist) ein Kleinbürger!

Solche Absurditäten fließen aus einer schamlosen, oberflächlichen Anwendung von gesellschaftlichen Kategorien, die von den MarxistInnen als Verallgemeinerung der Wirtschaftsbeziehungen zwischen den einzelnen Menschen im Kapitalismus geschaffen wurden. Konkret: Die heutige Prostitution lässt sich nicht mit gesellschaftlichen Kategorien erklären, die für die Beschreibung der kapitalistischen Warenproduktion entwickelt wurden, wie, etwa »LohnarbeiterInnen« oder »KleinbürgerInnen«. Natürlich bestehen oberflächliche Ähnlichkeiten, wie etwa das Auszahlen eines Arbeitslohnes durch Zuhälter an Prostituierte. Solche oberflächliche Ähnlichkeiten dürfen jedoch nicht zu einer Einordnung in gleiche Kategorien führen, wenn die gesellschaftlichen Grundlagen andere sind. Der Marxismus zeichnet sich wie jede ernsthafte Wissenschaft dadurch aus, dass er Verallgemeinerungen der Realität (ja, mutige und vorausschauende!) vornimmt, um mit deren Hilfe nicht nur zu verstehen, sondern vor allem zu verändern. Helen Ward dagegen muss Realität und Zitate marxistischer Denker beugen, verbiegen und verfälschen, um diese in das Korsett der für einen anderen Zweck geschaffenen Kategorien hineinzuzwängen. Ein solches Vorgehen ist nicht marxistisch, nicht wissenschaftlich, und wird keine für die Arbeit der MarxistInnen in der Realität verwendbaren Ergebnisse liefern. Ein an ein Fahrrad geschweißtes Raketentriebwerk mag zwar interessante Resultate hervorbringen, für einen Gebrauch außerhalb einer streng abgeschirmten Teststrecke sind die Ergebnisse aber wertlos, ja sogar gefährlich.

Moral und Wissenschaft

Ward kritisiert die »Prüderie« derjenigen, die Prostitution nicht als normale Lohnarbeit auffassen. Sie meint, dass deren Gleichsetzung von Prostitution mit Sklaverei beziehungsweise Zwangsarbeit aus einer moralischen Ablehnung herrührt. Sie aber setzt sich das Ziel die Frage »wissenschaftlich« und »marxistisch« zu lösen, woran sie grandios scheitert.

Wir müssen daher kurz auf unser Verständnis von Moral eingehen.

Wir lehnen die Idee einer absoluten, ewiggültigen Moral ab, das aber bedeutet nicht, dass alle Handlungen erlaubt, gerechtfertigt, legitim oder gar »subversiv«

und damit progressiv wären.

Für uns MarxistInnen sind all jene Handlungen moralisch, die tatsächlich unserem Ziel, der Befreiung der Menschheit von jeder Art der Ausbeutung und Unterdrückung dienen. Im Gegenzug lehnen wir alles, was Ausbeutung und Unterdrückung verfestigt als moralisch verwerflich ab. Daraus folgt: Für uns ist auch eine moralische Ablehnung der Prostitution voll und ganz legitim. Wir verwehren uns jedoch dagegen, dies mit der Ablehnung eines Menschen, der sich prostituiert, gleichzusetzen. Sie haben unsere volle Solidarität.

Auch lehnen wir die Prostitution nicht aus Gründen der Prüderie ab. Diese Idee basiert auf einem weiteren marxistischen Halbwissen. Aus Engels Analyse, dass die Prostitution die Ergänzung zur Ehe (oder modern ausgedrückt: zur romantischen Zweierbeziehung) sei, schneidern akademische »MarxistInnen« der Prostitution einen subversiven Touch, als verbotenes Örtchen, wo man der normierten Zweierbeziehung ein Schnippchen schlage, und damit eine Bresche in den Überbau der bürgerlichen Gesellschaft haue. Diese »Theorie« richtet sich selbst, und bedarf hier vorerst keiner weiteren Klärung.

Die Mythen der ProstitutionsbefürworterInnen

Der reale »Arbeitsmarkt« Prostitution wird von außer-ökonomischen Zwängen beherrscht - es treffen eben nicht freie Verkäufer und Käufer einer Ware aufeinander - dies war so und wird immer so sein. Einfach gesagt: es gibt keine Prostitution ohne Gewalt und Alternativlosigkeit, daher ist der ganze Versuch, Prostitution entlang von Kriterien der marxistischen Werttheorie zu analysieren ein intellektueller Griff ins Klo. Man kann im Regelfall auch von keinem frei vereinbarten Geschäftsverhältnis (und -inhalt) zwischen dem Zuhälter, dem Freier und der Prostituierten sprechen.

ProstitutionsbefürworterInnen hingegen wollen uns glaubhaft machen, dass der Körper ein vom Bewusstsein abspaltbares Etwas sei, über das man zudem noch unter allen Umständen eine rationale Kontrolle ausüben könne. Wir glauben, dass das nicht der Fall ist: Einem Menschen ist es unmöglich, permanent von Unbekannten penetriert zu werden, dabei den eigenen Körper unter Kontrolle zu haben, Teile des Denkens abzuschalten, Angst vor Gewalt zu haben, gleichzeitig Lust vorzuspielen wo Ekel herrscht, kurz, zu ignorieren wie der eigenen Körper von Fremden gebraucht wird und dazu zu lächeln und lustvoll zu stöhnen.

Zweitens ignorieren oder verniedlichen ProstitutionsbefürworterInnen, dass ein Sexmarkt ohne Massenmigration von Frauen und Mädchen in die kapitalistischen Zentren völlig ausgetrocknet wäre. Die Idee, dass es sich bei Prostituierten um besonders clevere Menschen handelt, die so der Ausbeutung an der Supermarktkassa entgehen, ist schlicht zynisch, denn die Mehrheit der Prostituierten hat keine andere Alternative als sich selbst zu verkaufen.

Keine Prostitution ohne Gewalt und Gewaltopfer

Die größte empirische Studie zur Prostitution wurde von einem achtköpfigen ForscherInnenteam unter Führung von Melissa Farley unternommen.

Wir geben hier die Zusammenfassung der Studie ungekürzt wieder:

»Zusammenfassung. Wir haben 854 Menschen in neun Ländern (Kanada, Kolumbien, Deutschland, Mexiko. Süd-Afrika, Thailand, Türkei, USA und Sambia) die sich momentan oder bis vor kurzem prostituierten bezüglich ihrer aktuellen Situation und ihrer Lebensgeschichte im Hinblick auf sexuelle und körperlicher Gewalt interviewt. Wir haben herausgefunden, dass Prostitution multitraumatisch ist: 71 % wurden in der Prostitution körperlich bedroht, 63 % wurden vergewaltigt,; 89 % der Befragten wollten der Prostitution entkommen, hatten aber keine anderen Überlebensmöglichkeiten. Insgesamt 75 % hatten an einem Punkt in ihrem Leben kein eigenständiges Zuhause. 68 % erfüllen die Kriterien für PTSD (Posttraumatische Stressstörung). Die Schwere der PTSD-Syndrome sind stark mit der Anzahl verschiedener Formen lebenslanger sexueller und körperlicher Gewalt korreliert. Unsere Ergebnisse widersprechen den gängigen Mythen über Prostitution: der Annahme, dass Straßenprostitution die schlimmste Art der Prostitution sei, dass die Prostitution von Männern und Buben sich von der Prostitution von Frauen und Mädchen unterscheide, dass die Mehrheit der sich Prostituierenden dies aus eigenem Einverständnis mache, dass die Mehrheit der Prostituierten drogenabhängig sei, dass Prostitution sich qualitativ vom Menschenhandel unterscheide und dass Legalisierung oder Entkriminalisierung der Prostitution ihre Schädlichkeit verringern würde.« (Prostitution and Trafficking in nine countries: An update on Violence and Posttraumatic Stress Disorder, in: Journal of Trauma Practice, Vol. 2. No. 3 / 4, 2003, Seiten 33-74)

Der Frage von Gewalterlebnissen in der Prostitution und der Zeit vor der Prostitution (die aufgrund des durchschnittlichen Eintrittsalters als Gewalt im Kinder- und Jugendalter gleichgesetzt werden kann) wurde in der Studie spezifisch nachgegangen. Dabei wurden folgende Ergebnisse erzielt (in Klammer sind die spezifischen Ergebnisse für Deutschland):

Aktuelle oder vergangene Obdachlosigkeit: 75 % der Prostituierten (74 %)
Körperliche Gewaltanwendung während der Prostitution: 73 % (61 %)
Bedrohung mit einer Waffe während der Prostitution: 64 % (52 %)
Sexueller Missbrauch in der Kindheit: 63 % (48 %)
Familiäre Gewalterfahrungen in der Kindheit, die zu Verletzungen und Blutergüssen führten: 59 % (48%)
Vergewaltigung in der Prostitution: 57 %, (63 %) davon 59 % (50 %) öfter als fünf Mal.

Die Studie stellt auch die Frage »Was brauchst du?« und lässt dabei Mehrfachnennungen zu.

Die Antworten ergaben:
89 % Ausstieg aus der Prostitution
75 % ein sicheres Zuhause
76 % berufliche Weiterbildung
61 % Zugang zu medizinischer Versorgung
56 % individuelle psychologische Betreuung

51 % gegenseitige Solidarität (»Peer support«)
51 % Rechtsbeistand
47 % Drogen- und/oder Alkoholentzug
45 % Selbstverteidigungstraining
44 % Kinderbetreuung
34 % Legalisierung der Prostitution
23 % körperlichen Schutz vor Zuhältern
(Seite 51)

Nicht abgefragt wurden etwa gewerkschaftliche Organisation (wobei »Peer support« darunter zu verstehen wäre), Entschuldung und legaler Aufenthalt. Offensichtlich ist aber, dass der am häufigsten genannte, unmittelbarste Wunsch, nämlich der Ausstieg aus der Prostitution in Helen Wards »Strategien zur Sexarbeit« nur indirekt und nebenbei angesprochen wird (»Jede Kampagne für Sexarbeiterinnen soll in Verbindung mit der Verbesserung der Bildung und Ausbildung junger Frauen und mit der Forderung nach anständigen Jobs und Löhnen geführt werden.«), während für sie die »Legalität der Prostitution«, die Verbesserung des Images der Sexarbeit und (welch Zynismus!!) die Freiheit der Sexualität im Mittelpunkt ihrer Überlegungen stehen.

Dem stehen immanente Gewalterfahrungen in der Prostitution entgegen, unabhängig davon in welchem (il)legalen Rahmen diese stattfindet. Auch die Annahme, dass Bordellprostitution dabei einen Unterschied machen würde ist nicht nachweisbar, sondern entpuppt sich als purer Mythos. Es gibt sogar Studien, die zu einem gegenteiligen Ergebnis kommen: Prostituierte haben auf der Straße oft mehr Kontrolle darüber, an wen sie sich verkaufen, der Zwang jeden nehmen zu müssen, sei im Bordell besser durchsetzbar.

Es ist deutlich, dass Gewalterfahrungen in und außerhalb der Prostitution eng miteinander verknüpft sind. Dies unterminiert die Propaganda der »Wahlfreiheit« der Menschen in der Prostitution völlig. Es liegt auf der Hand, dass Armut, zerrüttete Familien, zerrüttete gesellschaftliche Verhältnisse, eine angeschlagene Persönlichkeitsstruktur und Selbstvertrauen, fehlende Möglichkeiten und Alternativen aus Menschen Prostituierte machen, und die wenigsten aktiv Prostituierte werden wollen. Eine Kritik der Prostitution ist damit eine Anklage gegen die Normalität kapitalistischer Barbarei. Prostitution kann von anderen Formen der Gewalt nicht getrennt gesehen werden, sondern muss vielmehr als konzentrierter Ausdruck von Gewalt, insbesondere gegenüber Frauen gesehen werden.

Die Normalität der Barbarei dürfen MarxistInnen jedoch nicht zum Anlass nehmen, diese schön zu theoretisieren und nach dem Konzept der Schadensminimierung zu agieren – sondern sie vorbehaltlos und mit offenem Visier zu bekämpfen.

Migration und Menschenhandel

Der exakte Umfang der grenzüberschreitenden Menschenhandelsindustrie ist unbekannt, die UNO geht jedoch von einer Zahl von 600.000 bis 820.000 Menschen jährlich aus. Damit werden jährlich zehnmal mehr Menschen versklavt und verschleppt als dies während der klassischen Sklavenhandelepoche der Fall war. Die ILO geht von insgesamt 2,5 Mio. verkauften Menschen pro Jahr aus, wobei hier der Binnenhandel mit einbezogen ist. Das jährliche Geschäftsvolumen wird zwischen fünf und zwölf Milliarden US Dollar angesetzt. Betroffen sind überwiegend Frauen und geschätzte achtzig Prozent der verschleppten Menschen enden in der Sexindustrie. Ein Hauptzielgebiet des Menschenhandels ist mit 45.000-50.000 Menschen im Jahr die USA, wobei hier v.a. Frauen aus Asien (30.000) und Lateinamerika (10.000) gehandelt werden. Von der UNO Schätzung ausgenommen ist der Binnenhandel mit Frauen, der insbesondere in asiatischen Ländern wie China und Indien große Ausmaße haben dürfte. Für Mitteleuropa sind insbesondere Osteuropa und die ehemaligen Sowjetrepubliken die bedeutendste Quellregion des Menschenhandels.

Die Statistik aus Tabelle 1 legt nahe, dass es einen engen Zusammenhang zwischen ökonomischem Niedergang und erzwungener weiblicher Migration in die Sexindustrie gibt. Was hier nicht dargestellt wird, ist der ideologische Rollback in Osteuropa. Obwohl der Stalinismus selbst traditionelle Familienbilder förderte, sexualreformerische Ansätze unterdrückte und viele durch die Oktoberrevolution erkämpfte Errungenschaften (Scheidungsrecht, Abtreibungsrecht, Partizipation von Frauen im öffentlichen Leben, Rückgang der Prostitution,....) bereits in den 1920er Jahren wieder verschlechtert wurden, bedeutete die kapitalistische Restauration ab 1990 eine katastrophenartige Verschlechterung der Stellung der Frau in Beziehung und Gesellschaft.

Der ökonomische Niedergang und die Etablierung eines Mafiakapitalismus alleine erklären den Frauenhandel in Osteuropa nicht. Ein zentrales Element ist der allgemeine kulturelle Niedergang Osteuropas, die Zerrüttung menschlicher Beziehungen und die Marginalisierung von Frauen im Besonderen.

Die österreichische Sexindustrie ist ein

Tabelle 1. **Menschenhandel und ökonomische Indikatoren in ausgewählten Ländern (1989-2001)**

Herkunftsländer	Geschätzte Zahl gehandelter Frauen und (Empfängerländer)	BIP 2003 (1989=100)	Beschäftigung (1989=100)	Reallöhne (1989=100)	% der Bev. unter der Armutsgrenze
Albanien	Über 8000 (Italien, GB)	123,6	63,9		58,6
Kasachstan	5000 (VAE)	93,3	87,1	36	30,6
Kirgisistan	9000 (Naher Osten, EU)	78,4	104,3	26	84,1
Litauen	Mehrere 1000 jährlich (Balkan, Dt., Öst., GB)	85,2	73,9	56	22,5
Moldawien	50-100.000 (Balkan, Öst., Dt, Griechenland)	41,3	72	32	84,6
Russland	½ bis 1 Mio. (weltweit)	77	86,5	52	50,3
Ukraine	400.000 (weltweit)	51,9	84,1	46	29,4

Quelle: Economic survey of Europe 2004 No1 UNECE.

wichtiger Markt für diese Frauen. Es wird geschätzt, dass sich in Wien 6000 Frauen prostituieren, davon sollen »weit mehr als 5000« aus Osteuropa stammen. Es wird geschätzt, dass in Wien täglich 15.000 Freier Prostituierte gebrauchen. Der »Wirtschafssektor Prostitution« ist in Österreich geschätzte 1,45 Mrd. € schwer, in Deutschland wird von einem zehnfachen Umsatz ausgegangen. (alle Zahlen zu Österreich aus: Profil Nr. 24/2010)

Zuhälter Staat

Der bürgerliche Staat tritt dabei einerseits als Hüter der Institution der Ehe (heute offen insbesondere gegen gleichgeschlechtliche Paare) auf, und andererseits als Partner der Sexindustrie: »Seit 2006 dürfen Ausländerinnen als »Saisonniers« für maximal sechs Monate in Österreich der Prostitution nachgehen. Bei Großereignissen wie der EURO 2008 werden an den österreichischen Botschaften eine Fülle solcher Visa ausgestellt. Auch unter dem Titel »Künstlerin« bekommen Frauen für Auftritte in Peepshows und Table-Dance-Lokalen relativ leicht eine Aufenthaltsbewilligung.« (Profil No. 24/2010) Konkret schaut dies so aus, dass im Innenministerium etwa 200 Etablissements gelistet sind, für die je nach Bedarf sofort Visa ausgestellt werden. Die besonders rasche Bedienung der Bordelle durch staatliche Organe soll aufgrund eines »Runderlasses« des Innenministeriums aus dem Jahr 2008 sicher gestellt sein: »Es ist leichter, in Österreich eine Aufenthaltsbewilligung in der Rotlichtszene zu bekommen, als wenn man sich in einer Gemeinde integriert hat«, sagt Helmut Edlmayr. Der Ex-SP-Landtagsabgeordnete und Aufdecker der Visa-Affäre, der mit seinem Vergleich auf den Fall Arigona Zogaj anspielt, hat einen Runderlass zugespielt bekommen, nach dem »Künstleragenturen« seit Jahren bei Visa-Anträgen besonders gut behandelt werden. (Die Presse, 13.2.2008)

Für Asylsuchende ist dies die einzige legale Erwerbsarbeit, die der österreichische Staat bietet. Auch Frauen ohne Aufenthaltsbewilligung wird von der Fremdenpolizei angeboten in der Prostitution zu arbeiten, um einem Ausreise- und/oder Abschiebebescheid zu entgehen.

Diese Visa gelten im Normalfall höchstens für 6 Monate, was es einer in der Prostitution arbeitenden Frau auch unter bestmöglichen Bedingungen nicht ermöglicht, einen auf einer anderen Rechtsgrundlage legalen Aufenthalt zu erwirken. Menschenhändlerringe nützen diese fremdenrechtlichen Bestimmungen, um ihre Ware in andere Länder weiterzuleiten, wodurch sich das Abhängigkeitsverhältnis der Prostituierten verfestigt.

Erste Station dieser endlosen Reise durch Europas Bordelle ist oft der Balkan. Die von NATO und UNO kontrollierten Gebiete Bosnien und Kosovo galten lange als erste Station für die menschliche Ware. In den Bordellen Sarajewos und Pristinas dürfen NATO-Soldaten die neue Ware ausprobieren und eingewöhnen (eine Schilderung des Zusammenhanges von Militärinterventionen und Frauenhandel findet man in: Wenn Ken und Barbie streiken, AdV Nr. 7).

Und wir wollen auch nicht darauf verzichten hier wiederzugeben, wie die wirtschaftliche und politische Elite des Landes sich ihren Abend gestaltet:

»Abends ein Anruf aus der Parlamentsdirektion: ‚Wie ist denn die Julia so vom Charakter? Macht sie auch Vollendung in den Mund?' Ein PR-Berater aus der Innenstadt stellt sich am Telefon als ‚brutale Sau' vor und will einem siebzehnjährigen ‚Ferkilein' einmal alle ‚Löcher stopfen'. Bekommt er. ‚Die freut sich, sie muss nämlich eine Meniskusoperation machen und braucht 500 Euro', sagt der Frauenhändler. ‚Oh je! Da muss sie aber viel pudern', antwortet der Werbemann und sagt: ‚Ich hab schon einen Steifen.' Ein prominenter Wiener Anwalt drängt: ‚Ich brauche drei Mädels. Zum Schmusen und Arschficken.' Ein Mitarbeiter der ‚Begleitagentur' freut sich später am Telefon übers gute Geschäft: ‚Ich bin ausgebucht heute. Die Anwälte ficken! Die Anwälte und die Staatsanwälte.' Sein Gesprächspartner sagt: ‚Die hast du alle auf deiner Seite.'« (http://www.falter.at/web/print/detail.php?id=131)

(dies ist ein Ausschnitt aus den polizeilichen Abhörprotokoll eines Wiener Callgirlringes - vom Falter veröffentlicht und der Nobelpreisträgerin Elfriede Jellinek literarisch verarbeitet)

Offensichtlich ficken die Staatsanwälte noch immer, denn just jene Prostituierte, die 2010 vor einem österreichischen Gericht über ihre Peiniger aussagen wollte, wurde noch vor ihrer Aussage abgeschoben.

Prostitution und Organisierung

Nach diesem empirischen Exkurs über die die Prostitution beherrschenden Gewalt- und Zwangsstrukturen wenden wir uns der Frage der Organisierung der Prostituierten zu. Ward nimmt in ihrem Artikel positiv darauf Bezug und stellt diese Frage in den Mittelpunkt ihres Interesses. Sie selbst ist Unterstützerin der International Union of Sex Workers, eine der britischen Gewerkschaft GMB angelagerten »gewerkschaftlichen« Organisation. Weiters führt sie die Bemühungen der Ver.di und die indische »SexarbeiterInnengewerkschaft« Dumbar an. Sie beklagt sich wiederholt darüber, dass FeministInnen SexarbeiterInnen und deren Organisationen und FürsprecherInnen nicht als gleichberechtigte GesprächspartnerInnen akzeptieren würden. Das sei zwar nicht unser Problem, aber wir wollen hier doch untersuchen, ob nicht aus marxistischer Sicht ein ähnlicher Ausschlussgrund vorliegen könnte.

Die sogenannte »International Union of Sex Workers« ist wie andere sogenannte »SexarbeiterInnengewerkschaften« keine klassenbezogene Organisation, und sagt dies unter Druck von feministischen KritikerInnen sogar selbst: »Keine der Organisationen behauptet, SexarbeiterInnen als generelle Kategorie zu repräsentieren; alle wissen, dass dies im kriminalisierten und stigmatisierten Kontext, in dem die meisten Menschen Sex verkaufen unmöglich wäre. Was diese Organisation tun ist Menschen mit gleichen Werten, Interessen und Forderungen, manchmal physisch, aber oft auch nur online zusammenzubringen.« (Laura Augustin, Note to anti-prostitutionists: Sex worker movements are nothing to sneer at, auf: www.iusw.org)

Auf Deutsch heißt dies nichts anders, als dass die IUSW eine Kampagnentruppe ist. Der Führer der IUSW ist ein Mann Namens Douglas Fox, der sich selbst als »Sexarbeiter« bezeichnet. In der britischen

Tageszeitung ‚The Guardian' findet sich ein Kurzportrait:

«Douglas Fox ist ein unabhängiger männlicher Sexarbeiter. Er ist ein Aktivist der International Union of Sex Workers und trat auf Channel 4 in der Sendung »The escort agency« auf. Seine Agentur besteht bereits seit zehn Jahren. Die Mehrheit seiner 20 Escort-Girls sind nun Mitglieder oder dabei Mitglieder der Londoner IUSW/GMT Sektion zu werden.« (http://www.guardian.co.uk/profile/douglas-fox)

Falls der Zuhälter Fox es tatsächlich geschafft hat, seine Belegschaft in seiner eigenen Gewerkschaft zu organisieren (was wir hier mal annehmen), sind damit fast alle Mitglieder der IUSW, die tatsächlich Prostituierte sind, aus seinem eigenen Betrieb. Der Rest der 150 Mitglieder der IUSW sind hauptsächlich »harm reduction«-affine AkademikerInnen, andere ZuhälterInnen und verwirrte Linke etc., so die Kritikerin Ekman, die von Laura Augustin in diesem Punkt im bereits zitierten Artikel unwiderlegt bleibt.

Bezüglich des Erfolges, SexarbeiterInnen in der Ver.di zu organisieren, besuche man einfach ihre Homepage. Außer einem wissenschaftlichen Symposium zur Legalisierung der Sexarbeit hat diese Sektion seit fünf Jahren offensichtlich keine einzige öffentliche Aktivität gesetzt.

Bleibt die indische NGO Dumbar. Sie behauptet, und Ward nimmt dies als gegeben, dass sie 65.000 SexarbeiterInnen organisiere. Wieso jeder Versuch Prostituierte »gewerkschaftlich« zu organisieren auf der ganzen Welt scheitert aber sich in Indien innerhalb von 10 Jahren gleich 65.000 (!) Prostituierte organisieren, sollte Anlass zu einer kritischen Hinterfragung sein. Nicht so für Ward, die sich nun erst richtig warm schreibt. Ein Blick auf die Homepage offenbart auf den ersten Blick, dass es sich bei Dumbar um eine typische (institutionelle) Spenden-generierende NGO handelt: Partnerschaften mit amerikanischen Universitäten, keinerlei Hinweis auf die 65.000 Organisierten, ein Mikrokreditprogramm, LGBT-Programme etc. Man kann sich nicht den Gedanken verkneifen, dass die ganze Propaganda um den auffällig platzierten »Donate« Button herum aufgezogen ist.

Ein kurzer Schlenker nach Österreich. Auch hier gibt es eine Plattform (www.sexworker.at), die sich zum Sprachrohr der sich in Österreich prostituierenden Menschen macht. Deren Betreiber Christian Knappik (er ist auch unter dem Namen »der Zwerg« bekannt) wirbt aktiv um Verständnis für Sexarbeiterinnen, und droht allen, die den Begriff »Zuhälter« verwenden mit Strafverfolgung (was wir daher auch nicht tun).

Prostituierte und Klassenkampf

In großen sozialen Bewegungen treten auch Prostituierte aus dem Schatten ins gesellschaftliche Leben und greifen aktiv in den Klassenkampf ein. In der russischen Revolution etwa organisierten Prostituierte einen eigenen Sowjet. Während der kubanischen Revolution organisierten Frauen Waffen und Munition auf dem US-amerikanischen Militärstützpunkt Guantanamo. Klassenbewusste Prostituierte aus dem ganzen Land ließen sich rund um die Militärbasis im Osten der Insel nieder und ließen sich von amerikanischen Soldaten mit Munition bezahlen. Dies war eine Hauptnachschublinie für die Guerilla. Im revolutionären 1. Mai 1968 traten am Höhepunkt der Bewegung in Paris die Tänzerinnen in den Folies in den Streik. In den frühen Jahren der venezolanischen Revolution traten revolutionäre Prostituierte mit folgendem Transparent auf: »Wir verneinen: Chavez ist nicht unser Sohn!«. In allen zugespitzten massenhaften Klassenkämpfen und Revolutionen finden sich Beispiele, wie Prostituierte aus ihrer Situation ausbrechen und sich in die ArbeiterInnenbewegung einreihen. Dabei stoßen sie nicht selten auf das Unverständnis und sogar das Gelächter von ReformistInnen und BürokratInnen. Die sozialdemokratische PAME Gewerkschaft in Griechenland lehnte es etwa im Zuge eines Generalstreiks in den 1990er Jahren ab, dass Prostituierte in Athen sich am Streik beteiligten. Kein Wunder, die hohe Gewerkschaftsbürokratie ist heute Teil des Staatsapparates und hat keine anderen moralischen Standards als ihr bürgerliches Gegenüber: Prostituierte haben im Puff auf sie zu warten und nicht mit ihnen gemeinsam zu demonstrieren.

Die Organisierung von Prostituierten als Prostituierte mit spezifischen Forderungen für Prostituierte allein hat massive Grenzen. Die radikale Frauenbewegung und die MarxistInnen haben das Thema Prostitution immer im Zusammenhang mit dem Kampf gegen die spezifischen (sozialen und kulturellen) Ausbeutungsverhältnisse von Mädchen und Frauen aus der Arbeiterklasse gesetzt. Gleichzeitig wurde die doppelbödige moralische Entrüstung bürgerlicher ReformerInnen sowie die polizeiliche Repression und Zuhälterei aufs schärfste bekämpft. Diese Haltung ist in Engels »Zur Lage der arbeitenden Klassen in England«, Bebels »Frau und Sozialismus« und allen Schriften der radikalfeministischen Anarchistin Emma Goldmann zum Thema nachzuvollziehen.

Charakteristisch dazu zwei Kurzzitate:
»Um uns von der Prostitution zu befreien, müssen wir uns von den Eltern der Prostitution, den gesellschaftlichen Bedingungen befreien, die diese hervorbringen. (...) Befreit euch vom kapitalistischen Produktionssystem, so sagen die Sozialisten, und die Prostitution wird untergehen.« (Eleanor Marx-Aveling, Eward Aveling, Die Frauenfrage, S. 33f.)

«Wenn die Reformer eines Tages ihre Bemühungen darauf konzentrieren würden, die Ursachen zu vernichten, anstatt die Opfer zu verfolgen, würde die Prostitution nicht länger Schande über die Menschheit bringen.« (Emma Goldman, Anarchie und die Sexuelle Frage)

Auch die radikale Frauenbewegung der 1970er Jahre bewegte sich analytisch und programmatisch nicht aus diesem Rahmen heraus. 1979 gründete sich der »Hydra Nachtexpress, Zeitung für Bar, Bordell und Bordstein«. Eine anonyme Prostituierte argumentiert hier 1984 unter dem Titel »Aussteigen aus der Prostitution. Ich habe sie bestialisch gehasst«:

»Natürlich: Fast jedes kapitalistische Arbeitsverhältnis hat insbesondere für Frauen latenten Prostitutionscharakter. Zu der Arbeitsleistung als Werkzeug` wird häufig eine persönliche Aufopferung und Verstellung verlangt (...)

Dennoch glaube ich, dass die `Prostitution´ einer Fabrikarbeiterin auf einer qualitativ anderen Stufe liegt als die einer sexuellen Prostituierten. Die erste geht trotz aller entwürdigenden Arbeit, die sie verrichten muß, noch im Kostüm umher und muß noch gesiezt werden, hat also noch einen kleinen intimen Bereich, den sie nicht verkauft.

Die sexuelle Prostituierte dagegen verkauft sich nicht als Werkzeug Arbeitskraft, sondern sie verkauft dem Freier den Genuß ihrer allseitigen, umfassenden Unterwerfung. Sie muß sich als Mensch selber zur Vernutzung anbieten und wird mit Haut und Haaren, mit ihrer ganzen Ausstrahlung konsumiert.

Abgesehen von wenigen Ausnahmen, die tatsächlich für Schnellfick gezahlt hatten wie die bedauernswert genussunfähigen Pappfresser im Burger King für einen Hamburger zahlen und dabei von Esskultur ebenso wenig verstehen wie sämtliche Ficker, die zu Prostituierten gehen, nicht die leiseste Ahnung von einer wirklichen Liebeskultur haben, habe ich als Hure nicht nur nicht einmal wesentlich Sexualität verkauft, sondern im wesentlichen meine Menschenwürde, meine Seele, meine politisch-ideologische Identität, meine humanitären Prinzipien, meinen Stolz und meine Selbstachtung.«

Auch Hydra hat sich heute in die Reihe der »SexarbeitsbefürworterInnen« und »SchadensminiererInnen« eingereiht und gibt damit ein weiteres Zeugnis für die Degeneration der einstigen Frauenbewegung in einen institutionalisierten Feminismus. MarxistInnen müssen heute nicht nur die bürgerliche Doppelmoral ins Visier ihrer Kritik nehmen, sondern auch den Revisionismus der positiven Neueinschätzung der Prostitution durch verwirrte linke TheoretikerInnen.

Die soziale Basis und die ideologischen Resultate dieser Neubewertung beschreibt Irene Hübner:

»Der Kampf der Huren um gesellschaftliche und rechtliche Anerkennung ist wesentlich ein Kampf um Besitzstandswahrung. (...) Die Gunstgewerblerinnen müssen neue Strategien entwickeln, um im Geschäft zu bleiben - sonst geht es ihnen wie den Kumpels in Rheinhausen. Nicht ohne Grund spezialisieren und qualifizieren sich immer mehr Gunstgewerblerinnen, betreiben Imagepflege und public relations wie Domenica, die wohl berühmteste Hure der BRD oder die Frauen vom Westberliner Hydra-Projekt.

Das ist das Dilemma dieses Protests im Spitzenhöschen: es ist ein kleinbürgerlicher Protest arg in Bedrängnis geratener Freiberuflerinnen. Um ihre Jobs zu erhalten, müssen sie zur Stabilisierung überholter patriarchalischer Gesellschaftsstrukturen beitragen. Über den Rand ihrer Existenz blickend aber träumen sie von der freien Frau. Diesen Widerspruch aufzulösen, hieße vom Hurenjob Abschied zu nehmen. Welche Frau aus dem Gewerbe aber kann sich das leisten?« (Hübner, I., u.a., Protest im Spitzenhöschen. Huren wehren sich; von der klassischen Hetäre zum postmodernen Bodygirl, Frankfurt (Main), 1988, S. 159f.)

Heute werden aber sowohl medial als auch in der Linken und den Organisationen der Arbeiterbewegung jene Kampagnen gepusht, die einen positiven Zugang zu Prostitution haben und eng mit den Geschäftsinteressen der Sexindustrie zusammenhängen. Auffällig dabei ist, dass Gegenstimmen hier eher untergehen. Ein Beispiel:

Eine südafrikanische Prostituiertenorganisation hat sich im Zuge der FIFA-Fußball WM erfolgreich gegen die Versuche der Politik der Legalisierung der Prostitution während der WM gewehrt. Die FIFA selbst gab zu Protokoll, dass sie selbst dazu keine Meinung habe außer dass »Sex unverhinderbar sei«. Dies ist recht unglaubwürdig. Nachdem in den sogenannten Fanzonen sogar die Farbe der Strohhalme normiert wird, kann man sehr wohl davon ausgehen, dass die Containerbordelle neben Deutschlands WM-Stadien mit wohlwollender Zustimmung der FIFA aufgestellt wurden.

Organisationen von Prostituierten können unabhängig von ihrer Analyse der Prostitution und ihrem Programm keine große Organisierungserfolge vorweisen und sind eher als Kampagnen zu verstehen.

Dies scheint uns logisch: Neunzig Prozent der Prostituierten wollen aussteigen, daher ist nicht zu erwarten, dass hier im »Gewerbe« eine »Preisfechterorganisation« (also eine Gewerkschaft) entstehen kann. Dies heißt aber nicht, dass Prostituierte per se an Politik und Klassenkampf uninteressiert sein müssen (wobei der Zugang dazu schwieriger ist als für andere Menschen). Die Idee, dass man Opfern von Zwangs- und Gewaltstrukturen den Subjektstatus absprechen müsse, hat nichts mit Marxismus gemein. Die Schönrederei dieser Strukturen und die Heroisierung der Prostituierten konnten jedoch erst mit dem Postmodernismus gedeihen.

Die anarchistische Anti-Prostitutions Aktivistin Ekis Ekman erklärt diesen Zusammenhang:

»Die Geschichte der Sexarbeit passt hier gut hinein. Es vereint die alte Gender-Erhaltende Praxis mit einer neuen rebellischen Sprache. So wird eine Symbiose zwischen der neo-liberalen Rechten und der post-modernen Linken geschaffen. Die neoliberale Rechte bekommt eine Sprache, die Prostitution als eine Form des freien Unternehmertums deklariert und als Ausdruck der persönlichen Freiheit. Die postmoderne Linke bekommt eine Ausrede nicht gegen herrschende Machtstrukturen zu kämpfen indem sie sich auf die Stimme der Marginalisierten bezieht.« (Kajsa Ekis Ekman, Varat och varan)

Die Lösung der Prostitution kann nicht bei den Prostituierten und in der Ausgestaltung der Prostitution liegen, sondern nur in ihrer Überwindung. Und dies ist eine Aufgabe, die nur von der ArbeiterInnenbewegung durch die revolutionäre Umwälzung der Gesellschaft, die die Überwindung des Privateigentums zum Inhalt hat und die Neuentwicklung wirklich menschlicher Beziehungen ermöglicht, geleistet werden kann.

Nieder mit der Prostitution und ihren FürsprecherInnen!

Zusammenfassend muss man feststellen, dass die Welt eine schlagkräftige Organisierung von Prostituierten mit der Forderung nach »Legalität und Anerkennung der Sexarbeit« noch nicht erlebt hat. Aufgrund der völligen wirtschaftlichen, fremdenrechtlichen und kulturellen Unterdrückungs- und Zwangsstrukturen ist dies auch kein Zufall. Dies heißt keinesfalls, dass MarxistInnen auf Prostituierte herabschauen. Im Gegenteil, unsere Sympathie und ungeteilte Anteilnahme und Unterstützung gilt den Unterdrückten dieser Erde. Dies bedeutet: Nieder mit der Prostitution! Unsere Ablehnung der Prostitution hat nichts mit der heuchlerischen, abwertenden Haltung bürgerlichen Moralisten gegenüber Menschen, die sich prostituieren, gemein. Diese sind falsche Pharisäer und Teil der bürgerlichen Hegemoniestrategie.

Die Idee der »gewerkschaftlichen« Organisierung lehnen wir aber genau so entschieden ab. Diese Idee findet keinerlei Entsprechung in der Realität und gibt der Prostitution eine falsche Legitimität. Sie lenkt von der impliziten Gewalt der Prostitution ab und verhindert auf der Linken damit eine tiefere Beschäftigung mit den realen Problemstellungen, die die Prostituierten unterdrücken. Auf abstrakter Ebene wird die marxistische Gesellschaftsanalyse auf den Kopf gestellt, indem man einerseits die Idee der monogamen Ehegemeinschaft angreift, andererseits eine der sie bedingenden Strukturen stärken will.

Für Prostituierte bedeuten erfolgreiche Kampagnen zur »Reform der Prostitution« eine Verfestigung ihres Abhängigkeitsstatus, ihrer extremen Ausbeutung und Beraubung ihrer Menschlichkeit im intimsten Bereich ihres Seins, sowie die Ausweitung des Menschenhandels. Damit nicht genug verfestigt sich die gesellschaftlich vorgesehene männlich-heterosexuelle Überlegenheit in jedem einzelnen erkauften wie auch sonsterlei erzwungenen Geschlechtsakt. Die Unterlegenheit der Frau wird durch den Warencharakter der Prostituierten und der Pornoindustrie geprägt und bestärkt. In einem numerisch kleineren Bereich gilt dies auch für die Behauptung der Überlegenheit der weißen Frau am tunesischen, jamaikanischen und marokkanischen Strand. Gleiches gilt auch für das Bild der Homosexualität und ihrer männlichen Stricher.

Wer Barbarei nicht von Fortschritt unterscheiden kann, wird auch an allen anderen entscheidenden Fragen des Klassenkampfes scheitern. Eine Änderung der Haltung der Linken zu dieser Frage ist dringend angesagt!

★ Kein Vertrauen in den Staat, keine staatliche Repression gegen die Marginalsiertesten der Unterdrückten!
★ Weg mit den Fremdengesetzen! Bleiberecht für alle!
★ Für das Recht auf Ausbildung und Arbeit für alle, die hier leben!
★ Weg mit allen Bordellen und Zuhältern!
★ Weg mit der Pornoindustrie!
★ Für eine aktive und permanente Kampagne gegen Sexismus in den Organisationen der Arbeiterklasse!
★ Kein Respekt, sondern Verachtung und Öffentlichmachung von Freiern!
★ Für einen ideologischen Kampf gegen alle jene, die aus Prostitution einen »respektablen« Beruf machen wollen!
★ Für einen freien Menschen in einer freien Gesellschaft!

Die Stärksten der Partei -
Frauen in linken Organisationen

Einleitung

Wir leben in einer Gesellschaft, in der Frauenunterdrückung in ihren verschiedensten Ausformungen allgegenwärtig ist. Dies spiegelt sich auch in den Organisationen der ArbeiterInnenbewegung und der radikalen Linken wider, wo traditionelle Rollenbilder oft unkritisch reproduziert werden und Frauen in den meisten Fällen stark unterrepräsentiert sind. Der Widerstand von Genossinnen gegen Sexismus in den eigenen Reihen hat eine lange Geschichte, die bis in die frühe Sozialdemokratie zurückreicht. In den 1970er Jahren haben im Zuge der Frauenbewegung Frauen verstärkt politische und organisatorische Auswege aus diesem unhaltbaren Zustand zu suchen begonnen. Eigene Frauentreffen, Quoten und andere strukturelle Maßnahmen zur positiven Diskriminierung von Genossinnen haben sich im Zuge dieses Prozesses in der Sozialdemokratie und den Gewerkschaften durchgesetzt.

In diesem Text wollen wir uns anschließend an eine Darstellung der Entstehung und Funktion von Frauenunterdrückung anhand der Erfahrungen der proletarischen und der kommunistischen Frauenbewegung aber auch aufgrund aktueller Entwicklungen vor allem in der Sozialdemokratie und speziell der Sozialistischen Jugend Österreich aus marxistischer Sicht die Stellung von Frauen in linken Organisationen diskutieren, mit der Forderung nach Frauenquoten, Frauenfreiräumen und anderen strukturellen Maßnahmen zur Förderung von Genossinnen auseinandersetzen bzw. eine Antwort geben, wie MarxistInnen der mangelnden Repräsentanz von Frauen in der ArbeiterInnenbewegung, der Linken und auch in revolutionären Strömungen entgegenwirken wollen.

Frauenunterdrückung

MarxistInnen erklären die Entstehung der Frauenunterdrückung aus der Entwicklung der materiellen Lebens- und Arbeitsbedingungen der Menschen. Sie ist untrennbar verbunden mit der Herausbildung der Familie, des Privateigentums und somit der Klassengesellschaft. Mit der Entwicklung der Produktivkräfte und in der Folge mit der Produktion von Überschüssen sowie einer sich verstärkenden gesellschaftlichen Arbeitsteilung waren die materiellen Bedingungen für die Herausbildung sozialer Unterschiede und Klassen aber auch für die Geschlechterungleichheit gelegt. Die Männer verrichteten tendenziell eher Arbeiten, mit denen ein Überschuss geschaffen wurde, und dies gab ihnen einen größeren Stellenwert in der Gesellschaft, den vorher die Frauen aufgrund ihrer Mutterrolle eingenommen hatten. Das Vorhandensein von Überschüssen eröffnete die Frage nach dem Recht auf die Weitergabe derselben an spätere Generationen. Damit hatten die Männer ein Interesse zu wissen, wer ihre Erben sind. Das war nur möglich, indem der Frau die Monogamie aufgezwungen wurde. «Der Umsturz des Mutterrechts war die weltgeschichtliche Niederlage des weiblichen Geschlechts. Der Mann ergriff das Steuer auch im Hause, die Frau wurde entwürdigt, geknechtet, Sklavin seiner Lust und bloßes Werkzeug der Kinderzeugung. Diese erniedrigte Stellung der Frau, wie sie namentlich bei den Griechen der heroischen und noch mehr der klassischen Zeit offen hervortritt, ist allmählich beschönigt und verheuchelt, auch stellenweise in mildere Form gekleidet worden; beseitigt ist sie keineswegs." (Friedrich Engels, Ursprung der Familie, des Privateigentums und des Staates)

Frauenunterdrückung hat seine Wurzeln in der Entstehung der Klassengesellschaft. Alle bisherigen Klassengesellschaften inklusive der kapitalistischen haben sich der Frauenunterdrückung bedient. Der Kampf um Frauenbefreiung ist daher auch untrennbar verbunden mit dem Kampf um die Überwindung der Klassengesellschaft. Unter kapitalistischen Bedingungen entstehen aber erstmals die Voraussetzungen dafür, dass dieser Kampf erfolgreich geführt werden kann, weil die Frauenarbeit, die bis dahin in erster Linie in der Sphäre des Privaten verrichtet wurde, nun auch in zunehmendem Maße in Form von kapitalistischer Erwerbsarbeit wieder öffentlichen Charakter erhält. Frauenbeschäftigung ist also eine wichtige Vorbedingung für Frauenbefreiung, aber nicht mehr.

In weiten Teilen der Welt existiert Frauenunterdrückung noch immer in offen barbarischer Form. Frauen sind vor dem Gesetz nicht gleichgestellt, sie können wie ein Stück Vieh verkauft werden usw. Ihnen wird das Recht auf Bildung und Ausbildung verwehrt und sie werden auf die Rolle der Hausfrau und Mutter reduziert, die im öffentlichen Leben keinen Platz haben.

Der utopische Sozialist Charles Fourier hat einst die These aufgestellt, dass sich menschlicher Fortschritt am Grad der Emanzipation der Frau messen ließe. Marx hat diese Ansicht geteilt und mehrfach in seinen Schriften zitiert. In den entwickelten kapitalistischen Ländern haben sich tatsächlich die Bedingungen für Frauen verbessert. Die Basis dafür wurde vor allem durch die positive ökonomische Entwicklung der vergangenen Jahrzehnte gelegt. Frauen wurden in zunehmendem Maße auf dem Arbeitsmarkt erwerbstätig, es gab materielle Ressourcen um Teile der Hausarbeit und der Kindererziehung zu vergesellschaften. Dieser Prozess spiegelt sich auch in einem massiv gestiegenen Bildungs- und Kulturniveau der Frau wider. Die Bedingungen wurden geschaffen, dass die Frau im öffentlichen Leben eine zentrale Rolle einnehmen bzw. sich diesen Platz in der Öffentlichkeit erkämpfen kann.

Vor dem Gesetz ist die Frau heute in vielen Ländern weitgehend mit dem Mann gleichgestellt. Trotz alledem existieren selbst in den entwickeltsten kapitalistischen Gesellschaften Frauenunterdrückung und eklatante Geschlechterungleichheiten weiter. Frauen verdienen noch immer um ein Drittel weniger als Männer, das gilt auch für Länder, wo es seit den 1970ern Gesetze gibt, die gleichen Lohn für gleiche Arbeit vorschreiben wie in Großbritannien oder Dänemark. Ein Großteil der Hausarbeit und der Kindererziehung wird weiterhin von Frauen erledigt. Durch den Abbau öffentlicher Dienstleistungen im Kinderbetreuungs-, Gesundheits- und Sozialbereich ist die Belastung von Frauen, die wieder mehr Zeit für Reproduktionsarbeit aufwenden müssen, weiter gestiegen. Dazu kommt die generelle Intensivierung der Arbeit entsprechend der Logik der kapitalistischen Produktion.

Die rechtlich festgelegte Abhängigkeit der Frau vom Mann ist nach langen Kämpfen abgeschafft worden, doch die Mehrheit der Frauen ist weiterhin ökonomisch abhängig. Wer aus dieser Abhängigkeit ausbricht, lebt z.b. als Alleinerzieherin in den meisten Fällen in direkter Armut bzw. im Dauerstress, um Kindererziehung, Job und sonstige Aufgaben des täglichen Lebens halbwegs meistern zu können. Eine Teilnahme am öffentlichen Leben ist diesen Frauen durch die Macht der Umstände de facto unmöglich gemacht. Unter den Bedingungen der kapitalistischen Krise werden sich diese Tendenzen weiter zuungunsten der Frau verändern.

Die Frage der Frauenunterdrückung ist aber mehr als nur eine der Einkommensungleichheit und der ungleichen Aufteilung der Reproduktionsarbeit in der Kleinfamilie. Frauenunterdrückung ist in allen Lebensbereichen der Frau spürbar und wird über die geschlechtsspezifische Sozialisation im frühen Kindesalter, traditionelle Rollenbilder, unwissenschaftliche Vorurteile usw. von Generation zu Generation weitergegeben. Es handelt sich nicht zuletzt auch um eine Frage der Ideologie und der Kultur. Die Jahrtausende alte Unterdrückung der Frau hat natürlich seine Spuren hinterlassen. MarxistInnen ziehen daraus auch wichtige Schlüsse für die Organisierung von Frauen: »Wir vergessen nicht die sozialen Bedingungen, die als Hemmnisse für die Betätigung der Frau, für ihr politisches Erwachen, ihren politischen Kampf noch vielfach in den gesellschaftlichen Einrichtungen, im Familienleben und auch in sozialen Vorurteilen vorhanden sind. Wir sehen klar den Niederschlag, den die Jahrtausende alte Knechtschaft in der Seele, der Psyche der Frau zurückgelassen hat.« (Komintern, 3. Weltkongress)

Für den Kapitalismus ist das traditionelle Frauenbild deshalb so bedeutsam, weil es die weitgehende Erledigung der Reproduktionsarbeit (Waschen, Putzen, Kochen, Kinder beaufsichtigen/erziehen) im Einzelhaushalt und gratis ideologisch legitimiert und mit den Frauen eine industrielle Reservearmee zur Verfügung steht. In Zeiten des wirtschaftlichen Aufschwungs lässt man mehr Frauen auf den Arbeitsmarkt, in Zeiten der Krise drängt man sie zurück an den Herd. Die ideologische Funktion der Rollenbilder ist von ökonomischen Fakten (niedrigere Frauenlöhne) begleitet und wird dadurch verstärkt. Stellt sich in einer Familie die Frage, wer in Karenz geht, wird es in den meisten Fällen die Frau sein, da der Mann mehr verdienen kann. Und zu guter Letzt ist ideologischer Sexismus eine gute Waffe, um die Lohnabhängigen zu spalten und die wahren (kapitalistischen) Herrschaftsverhältnisse zu verschleiern. Solange der Kapitalismus existiert, wird er nicht auf die Unterdrückung der Frauen verzichten können - in Krisenzeiten am allerwenigsten. Erst eine sozialistische Gesellschaft, in der die Wirtschaft nicht für die Profite weniger, sondern für den Wohlstand aller demokratisch gelenkt wird, bietet das Potential die Unterdrückung des Menschen durch den Menschen in all seinen Facetten aufzuheben. Im Bezug auf die Stellung der Frau werden gleiche Löhne, eine hochwertige Kinderbetreuung, Alten- und Krankenpflege etc. erst die Grundlage für das Verschwinden sexistischer Ideologien bieten. Das bedeutet aber wiederum nicht, dass alle sexistischen Ideologien sich am Tag nach der Revolution automatisch in Luft auflösen, wie es oft im Zusammenhang mit den Begriffen Haupt- und Nebenwiderspruch fälschlicherweise argumentiert wurde. Auch dann wird es einen konsequenten ideologischen Kampf zur Überwindung von Sexismus brauchen.

Aber alle Konzepte, die ein Durchbrechen sexistischer Ideologien innerhalb des Kapitalismus versprechen, sind zwangsweise zum Scheitern verurteilt. In diesem Zusammenhang wären alle Theorien zu nennen, die nur Unterdrückungsverhältnisse beschreiben ohne sie tiefgehender zu analysieren. Stelle ich verschiedene Formen der Unterdrückung (Rassismus, Sexismus, Klassenunterdrückung) einfach nur nebeneinander (so wie es üblicherweise in den Race-Class-Gender-Diskursen passiert), dann laufe ich Gefahr nicht zu verstehen, dass Rassismus und Sexismus gerade auf der kapitalistischen Klassengesellschaft beruhen.

Daraus leiten wir den Schluss ab, dass der antisexistische oder antirassistische Kampf gewonnen werden kann, wenn er Teil des Kampfes zur revolutionären Überwindung des Kapitalismus ist. Für MarxistInnen ist der Kampf gegen Rassismus und Sexismus im Hier und Jetzt eine Selbstverständlichkeit und notwendig, um die gleichwertige und möglichst vorurteilsfreie Teilnahme aller Teile der Klasse an gemeinsamen Kämpfen sicher zu stellen.

Die proletarische Frauenbewegung

Der Kampf gegen Frauenunterdrückung hat eine lange Geschichte. Bei genauerer Analyse zeigt sich, dass Frauenbewegung und Feminismus keineswegs synonym sind. So entstand neben der bürgerlichen, feministischen Frauenbewegung Ende des 19. Jahrhunderts auch eine starke proletarische Frauenbewegung, die sich als Teil der damals noch revolutionär gesinnten Sozialdemokratie verstand.

Die deutsche Sozialdemokratie gilt bis heute als großes Vorbild, wenn es um die Organisierung von Frauen und speziell Arbeiterinnen geht. Als MarxistInnen sehen wir uns in vielen wichtigen Fragen in der direkten Tradition dieser proletarischen Frauenbewegung und vor allem ihres linken, revolutionären Flügels rund um Clara Zetkin.

Die sozialdemokratische Frauenbewegung sah ihre Aufgabe darin den weiblichen Teil des Proletariats für den gemeinsamen Kampf der gesamten ArbeiterInnenklasse zur Überwindung des Kapitalismus zu organisieren. Die proletarische Frauenbewegung musste von Anfang an unter den Bedingungen einer sehr restriktiven Vereinsgesetzgebung des Staates ihre Arbeit organisieren. Bis 1908 war es in den meisten deutschen Staaten Frauen nicht möglich sich in der SPD zu organisieren. Die Sozialdemokratie versuchte dieses Verbot gezielt zu unterlaufen. Auf Ebene der Ortsparteien wählten alle Sozialdemokratinnen eigene Vertrauenspersonen, welche die Genossinnen auch in der Partei vertraten und die Agitation und Propaganda unter proletarischen Frauen anleiteten.

Diese Vertrauenspersonen wurden dann auf regionaler Ebene miteinander vernetzt und wählten aus ihrer Mitte regionale Vertrauenspersonen. Damit wurde ein gewisses Maß an zentralistischer Organisation geschaffen.

Ab dem Jahre 1900, damals gab es 25 weibliche Vertrauenspersonen, veranstaltete die deutsche Sozialdemokratie dann auch eigene Frauenkonferenzen – immer in Verbindung mit den Parteitagen. In Österreich wurde sogar bereits 1898 die erste Frauenkonferenz abgehalten. Von Victor Adler wissen wir, dass diese Konferenzen mit großem Misstrauen von der Mehrheit der männlichen Genossen verfolgt wurden. Auf seine typische Art versuchte er dieser Stimmung entgegenzuwirken, indem er meinte die Frauenbewegung hätte in der Vergangenheit ja auch nicht viel zustande gebracht und stelle daher »keine große Gefahr« dar.

Allgemein war die Einführung dieser Konferenzen aber sehr wohl ein Zeichen der Anerkennung für die erfolgreiche Arbeit der proletarischen Frauenbewegung, die eine Organisationsstruktur entwickelt hatte, die in den folgenden Jahren ein starkes Wachstum verzeichnen sollte. Die andere Seite der Medaille war, dass frauenpolitische Fragen auf diesem Weg kaum noch im Rahmen der Parteitage abgehandelt wurden und dort auch Genossinnen noch weniger als Referentinnen eingeteilt wurden als zuvor.

1896 auf dem Parteitag der SPD war eine sehr ausführliche Debatte über die Frauenagitation der Partei geführt worden. Schon damals wurde die vollständige Integration der Frauenbewegung in die Gesamtpartei als grundlegende Zielvorstellung betrachtet, auch wenn dies unter den gegebenen gesetzlichen Rahmenbedingungen als noch nicht möglich gesehen wurde. In der »Gleichheit«, dem Zentralorgan der proletarischen Frauenbewegung, wurde dieser Ansatz folgendermaßen bilanziert:

»Wenn die proletarische Frauenbewegung ihrem Inhalt, ihren Zielen nach eins sein muss mit der Sozialdemokratie, so ist sie doch in der Folge gezwungen, der Form nach den verschiedenen Schwierigkeiten Rechnung zu tragen. So innig sie mit der sozialistischen Bewegung verbunden ist: die selbstverständliche Rücksicht auf die Erfüllung ihrer Aufgabe und die erzwungene Rücksicht auf unsere reaktionären Vereins- und Versammlungsgesetze machen vielfach eine Loslösung von der allgemeinen Agitation und der Organisation der Klassengenossen zur Notwendigkeit. Die proletarische Frauenbewegung bedarf vielerorten ihrer eigenen Organe, ihrer eigenen Einrichtungen und einer gewissen Bewegungsfreiheit innerhalb des Rahmens der allgemeinen Arbeiterbewegung. All den praktischen Notwendigkeiten gegenüber ist es nicht das Prinzip, ist es die Zweckmäßigkeit, welche das letzte Wort hat. Hier entscheidet nicht die Theorie, vielmehr die praktische Erfahrung.«

Die Frauenkonferenzen waren übrigens nicht rein für weibliche Parteimitglieder gedacht. Die Delegierten wurden von den lokalen Versammlungen der Genossinnen gewählt und zu den Frauenkonferenzen entsandt, mussten aber nicht unbedingt Frauen sein. So waren bei diesen Konferenzen immer 1/6 bis ein 1/3 der Delegierten Männer, die das Vertrauen der Genossinnen in ihrer Stadt erhalten hatten. Trotz der Beteiligung von männlichen Genossen können wir aufgrund der Berichte und biographischen Notizen von Teilnehmerinnen davon ausgehen, dass die Frauenkonferenzen einen ganz wesentlichen Beitrag zur Herausbildung von weiblichen Kadern und zur inhaltlichen und organisatorischen Stärkung der proletarischen Frauenbewegung hatten. Luise Zietz dazu im Jahre 1908:

»Diese Konferenzen haben außerordentlich viel dazu beigetragen, dass wir heute so viele geschulte Genossinnen haben. Hier haben die Frauen den größten Teil der Anregungen und Fingerzeige zur Agitation bekommen. Hier wurden auch die Genossinnen untereinander bekannt, was unsere Agitation ungemein fördert. Die Konferenzen haben ihren Wert darin, dass auf ihnen aus unserem Parteiprogramm heraus Fragen, die die Frauen besonders interessieren, in den Mittelpunkt der Diskussion gestellt werden. Auf den Parteitagen können solche Fragen nicht mit genügender Gründlichkeit erörtert werden, weil die Parteitage schon ohnehin überlastet sind und weil die Genossen für diese Fragen doch nicht das notwendige lebendige Interesse haben. Die Frauenkonferenzen sind so ein vorbereitender Ausschuss der Parteitage für diese besonderen Fragen. Es würde die ganze Frauenbewegung außerordentlich zurückwerfen, wenn die Frauenkonferenzen aufgehoben würden.«

Versuche vor allem der reformistischen Teile der sozialdemokratischen Frauenbewegung grundlegende theoretische Fragen auf diesen Frauenkonferenzen zu erörtern, um den Weg für eine Zusammenarbeit mit den bürgerlichen Frauenrechtlerinnen zu ebnen, lehnte die Linke rund um Zetkin ab. Die Beziehung zur bürgerlichen Frauenbewegung wird sehr gut durch den Titel von einem grundlegenden Artikel Zetkins in der »Gleichheit« aus dem Jahre 1894 zusammengefasst: »Reinliche Scheidung«. Zetkin schreibt darin: »Die bürgerlichen Frauenrechtlerinnen erstreben nur durch einen Kampf von Geschlecht zu Geschlecht, im Gegensatz zu den Männern ihrer eigenen Klasse, Reformen zu Gunsten des weiblichen Geschlechts innerhalb des Rahmens der bürgerlichen Gesellschaft, sie tasten den Bestand dieser Gesellschaft selbst nicht an. (...) Die bürgerliche Frauenbewegung ist nicht mehr als eine Reformbewegung, die proletarische Frauenbewegung ist revolutionär und muss revolutionär sein.«

An dieser Position sollte nicht gerüttelt werden. Bei den Frauenkonferenzen ging es laut Zetkin nur um die Auseinandersetzung mit »praktischen Fragen« im Aufbau der proletarischen Frauenbewegung, grundsätzliche Debatten über eine Neuausrichtung der sozialdemokratischen Frauenpolitik müssten auf dem Parteitag debattiert werden.

Dem Versuch des rechten Flügels mit der bürgerlichen Frauenbewegung Bündnisse abzuschließen, stellte die Redaktion der »Gleichheit« ein Konzept entgegen, wonach die weiblichen Vertrauenspersonen dafür zu sorgen haben, dass »die Forderungen der proletarischen Frauen und Mädchen auf allen Gebieten des sozialen Lebens mit Nachdruck vertreten werden. Sie müssen darauf hinwirken, dass das weibliche Proletariat an allen Kämpfen und Aufgaben seiner Klasse teilnimmt und das hinwieder den Interessen und Bestrebungen der Proletarierinnen moralische und materielle Unterstützung seitens der organisierten Arbeiterschaft zuteil wird.«

Die Mittel zur Erfüllung dieser Aufgaben seien eigene Veranstaltungen für proletarische Frauen zu allen für die Klasse relevanten Fragen, eigene Publikationen (Broschüren, Flugblätter,...) für diese Zielgruppe, Artikel in der allgemeinen sozialdemokratischen Presse usw. Es ging der proletarischen Frauenbewegung in erster Linie darum »für die Sozialdemokratie die Frauen als Anhängerinnen (zu) werben.« (Ottilie Baader)

Die Frauenversammlungen, die neben den Ortsvereinen der Partei bestanden, hatten auch das Recht eigene Delegierte zu den Parteitagen zu entsenden, was aber auch innerhalb der proletarischen Frauenbewegung zumindest anfangs recht umstritten war, weil die Frauen »keine Vorrechte sondern gleiche Rechte« (Baader) anstreben würden.

Die Zentralvertrauensperson wurde auf den Frauenkonferenzen gewählt und hatte für die Umsetzung der Beschlüsse dieser Konferenzen zu sorgen. Sie sollte außerdem die Arbeit der Genossinnen vor Ort unterstützen, Agitationsmaterial für diese erarbeiten und basierend auf den Berichten aus den Regionen einen Gesamtbericht für die »Gleichheit« und für den Parteivorstand erstellen.

In der österreichischen Sozialdemokratie war es schon 1897 zu einem Eklat gekommen, als die Genossinnen demonstrativ nicht am Parteitag teilnahmen. Sie protestierten damit gegen die Weigerung der Wiener Parteileitung weiblichen Delegierten die Fahrtkosten zum Parteitag zu bezahlen. Dabei hatte der Parteitag 1894 beschlossen, dass »Orte, an welchen eine Frauenorganisation besteht, das Recht haben sollten, außer Genossen auch Genossinnen zum Parteitage zu entsenden.« Daraufhin wurde am Parteitag 1897 nochmals festgehalten, dass die Frauenorganisationen einer jeden Nation (im Vielvölkerstaat der Habsburgermonarchie, Anm.) das Recht haben sollten, »je durch zwei Genossinnen am Parteitag vertreten« zu sein. Ähnlich wie in der deutschen Schwesterpartei wurde 1911 am Parteitag nach dem politischen Vereinsverbot für Frauen der Beschluss gefasst, wonach die Genossinnen entsprechend ihrer Mitgliederstärke aber mindestens durch eine Vertreterin in den Vorständen der politischen Vereine der Sozialdemokratie vertreten sein sollten.

Eine besondere Erwähnung verdient gewiss die »Gleichheit«, die von Zetkin bis 1917 herausgegeben wurde und eine Art Zentralorgan der proletarischen Frauenbewegung darstellte. Eine eigene Zeitung wurde deshalb von den Genossinnen gefordert, weil ihnen in den offiziellen Parteizeitungen nicht der nötige Platz eingeräumt wurde. In Österreich erschien bereits ab 1892 die »Arbeiterinnenzeitung«. Während letztere vor allem an die Masse der Arbeiterinnen gerichtet war und einen wesentlichen Beitrag zum Aufbau einer proletarischen Frauenbewegung in Österreich leisten sollte, war die »Gleichheit« eher ein Instrument zur Schulung der Avantgarde der proletarischen Frauenbewegung in Deutschland (und international). Die Vertrauenspersonen der Frauenbewegung erhielten über die »Gleichheit« im Wesentlichen ihre politische Anleitung. Zetkin gab der »Gleichheit« außerdem eine Ausrichtung, die sich nicht rein auf die Behandlung »der Frauenfrage« beschränkte. Für sie war der Kampf um Frauenbefreiung untrennbar mit dem allgemeinen Klassenkampf verknüpft und folgerichtig musste die Frauenbewegung eine weitergehende Perspektive entwickeln, wollte sie erfolgreich sein.

Neben den Frauenkonferenzen hielt die proletarische Frauenbewegung auch eigene Frauentage ab, die den Charakter von sozialdemokratischen Machtdemonstrationen hatten. Die Frauentage der proletarischen Frauenbewegung waren aber vielen männlichen Genossen vor allem des reformistischen Flügels ein Dorn im Auge. Als 1908 es Frauen gesetzlich möglich war sich in der Partei zu organisieren, wurde die Autonomie der proletarischen Frauenbewegung wieder gezielt eingeschränkt. Es gab nun keine weiblichen Vertrauenspersonen und keine eigenen Frauenversammlungen mehr. Im Gegenzug wurden die Ortsparteien angehalten, den Frauen entsprechend ihres Anteils an der gesamten Mitgliedschaft Plätze in den Parteivorständen zu reservieren, mindestens eine Genossin musste aber auf alle Fälle vertreten sein. Diese Bestimmungen sind als Ausdruck dessen zu sehen, dass sich die Frauenbewegung in der Partei aufgrund ihrer organisatorischen Erfolge Einfluss erkämpft hat, den sie gegen jene männlichen Genossen verteidigen wollte, denen die Präsenz von Frauen in der Partei nicht ins Konzept passte. Offensichtlich erhielten die Genossinnen dabei die Unterstützung durch die Parteiführung. Auch bei den Delegierten sollten Genossinnen vertreten sein. Das Frauenbüro wurde beibehalten, wenn auch im Laufe der folgenden Jahre unter die Kontrolle des Parteivorstands gebracht und später gänzlich aufgelöst, was aber in erster Linie auch vor dem Hintergrund der innerparteilichen Auseinandersetzungen zwischen dem revisionistischen und dem revolutionär-marxistischen Flügel, der in der proletarischen Frauenbewegung besonders stark vertreten war, zu sehen ist.

Das herkömmliche Argument der Gesamtpartei für eigene Frauenstrukturen hatte durch das neue Vereinsgesetz seine Gültigkeit verloren. Die Linken in der proletarischen Frauenbewegung argumentierten aber weiterhin für eigene Frauenversammlungen usw., was v.a. mit der Rolle der Frauen als Mütter und der traditionellen Rollenaufteilung auch in proletarischen bzw. sozialdemokratischen Familien begründet wurde. Dies rechtfertige gewisse Sonderstellungen der Genossinnen in der Gesamtpartei.

Ab 1910 sollte dann auch die Frauenkonferenz der deutschen Sozialdemokratie nicht mehr abgehalten werden. Als Reaktion darauf ergriffen Zetkin und andere Genossinnen, die dem linken Flügel angehörten, auch bei der 2. Internationalen Frauenkonferenz 1910 in Kopenhagen die Initiative für die Abhaltung eines Internationalen Frauentags, der erstmals am 19. März 1911 abgehalten wurde. In anderen Ländern, wie z.B. den Niederlanden, gab es eine ähnliche Entwicklung.

1913 schrieb Zetkin in einem Brief an die niederländische Sozialistin Heleen Ankersmit über die Gründe, warum sie eine gewisse Selbständigkeit der proletarischen Frauenbewegung verteidige, auch wenn das Vereinsgesetz eine gleichberechtigte Organisierung in der Partei nun ermögliche:

»Sollen die Frauen des Volkes für den Sozialismus gewonnen werden, so bedürfen sie zum Teil besonderer Wege, Mittel und Methoden. Sollen die Erweckten für Arbeit und Kampf im Dienste des Sozialismus theoretisch und praktisch geschult werden, so müssen wir dafür besondere Einrichtungen und Veranstaltungen haben. Das erklärt sich aus dem historisch gegebenen Milieu, in dem die Proletarierin steht, wie aus der psychologischen Eigenart, die geschichtlich geworden ist, wie endlich aus der Vielfalt der Pflichten, die auf der proletarischen Frau lasten, mit einem Wort: aus all den tatsächlichen Lebensbedingungen, die wirtschaftlich, politisch, sozial und geistig eine gewisse Sonderstellung für das Weib schaffen.«

Vor allem wenn es darum gehe, »die breitesten Massen der Proletarierinnen zu erfassen und zu heben«, brauche es »Maßnahmen für Agitation und Schulung«, die »auf den Durchschnitt« und nicht nur »auf die Elite« zugeschnitten sind. Im Regelfall könne nur eine »Elite« von proletarischen Frauen »ohne besondere sozialistische Frauenagitation« und »ohne besondere Einrichtungen zur theoretischen praktischen Schulung« allein »durch die Mitarbeit in der allgemeinen Bewegung zum politischen Leben erwachen.«.

Zetkin schreibt auch, dass bei der Umsetzung dieser Sondermaßnahmen überwiegend Frauen die treibende und ausführende Kraft darstellen werden. Frauen, die sich speziell der »Erweckung und Schulung der Frauen« widmen.

Die damals bestehenden Frauenklubs und -vereine, die eigene Frauenzeitung galt es aus ihrer Sicht zu verteidigen, weil diese genau solche Maßnahmen darstellten um proletarische Frauen in der Sozialdemokratie zu organisieren. Wichtig zu betonen ist aber, dass Zetkin nicht eine Autonomie der Frauenorganisationen von der Sozialdemokratie sondern lediglich eine stärkere Selbständigkeit in Fragen der Agitation unter arbeitenden Frauen innerhalb derselben befürwortete. Niemals stellte sie in Frage, dass Frauenstrukturen »in engster Fühlung mit der Gesamtpartei, möglichst organisatorisch an sie angegliedert sein und auch ihrer Kontrolle unterliegen« müssen. Zetkin sprach sich somit innerhalb der Sozialdemokratie für das Organisationsprinzip des demokratischen Zentralismus aus.

Die proletarische Frauenbewegung solle zwar eine eigene Verwaltung und eigene Arbeitsbereiche haben, die Form der Aktionen usw. sollte aber gemeinschaftlich mit der Parteileitung beschlossen werden. Zetkin stellt aber in dem Brief fest: »Wenn die sozialistische Frauenbewegung ihren vollen äußeren und inneren Erfolg zeitigen soll, so muss sie bei allem festen organisatorischen Zusammenhang mit der Gesamtbewegung doch ein gewisses Maß der Selbständigkeit und Bewegungsfreiheit besitzen. Das, liebe Genossin Ankersmit, dürfen sich die Genossinnen in Holland nicht nehmen, nicht verkümmern lassen. Um des Sozialismus und der Partei selbst willen. Es ist dies meine feste Überzeugung auf Grund einer langen Lebensarbeit und einer erdrückenden Fülle von Beobachtungen.«

Zetkin findet auch klare Worte gegenüber den Genossen, denen die proletarische Frauenbewegung ein Dorn im Auge war: »Die Genossen aber wiederum fassen die gemeinschaftliche Organisation vielfach ganz äußerlich und roh schematisch auf. Hinter jeder notwendigen oder nützlichen selbständigen Lebensäußerung der Genossinnen wittern sie Quertreibereien und Sonderbündelei. (...) Doch ist meiner festen Überzeugung nach das oben erwähnte Maß von Selbständigkeit und Bewegungsfreiheit ein solches Lebensbedürfnis für die sozialistische Frauenbewegung, dass seine Verwirklichung sich unbedingt durchsetzen muss, welches auch immer die Form der Organisation sei. Wenn die Genossen nicht einsichtig genug sind, diese Lebensnotwendigkeit zu gewähren, so wird sie erkämpft werden müssen.«

Die proletarische Frauenbewegung stand zwischen einer gewissen politischen Selbständigkeit und dem prinzipiellen Ziel ihrer Integration in die gemeinsame politische Partei. Die Antwort auf diese Frage war in all den Jahren keine dogmatische sondern war sehr abhängig von den realen Möglichkeiten für eine revolutionär-sozialistische Politik der Frauenbefreiung.

Die sozialdemokratische Frauenbewegung scheiterte letztlich daran, dass sie unter den Einfluss des Reformismus geriet und 1914 bei Ausbruch des Ersten Weltkriegs ihre ursprüngliche Antikriegshaltung zugunsten einer nationalistischen Burgfriedenspolitik fallen ließ. Der revolutionäre Flügel rund um Zetkin war nicht bereit diesen Kurs mitzutragen und begann eine Zusammenarbeit mit jenen KriegsgegnerInnen in der internationalen ArbeiterInnenbewegung, die nach 1917 den Kern der neuen Kommunistischen Internationale bilden sollten.

Die Tradition der Bolschewiki und der KI

Die besten Traditionen der proletarischen Frauenbewegung vor 1914 vor allem in Deutschland wurden dann auch von der Kommunistischen Internationale (Komintern) weitergeführt. Das bedeutete auch unter Rücksichtnahme auf die spezifischen Bedürfnisse von proletarischen Frauen die Anerkennung, dass es eigene Formen der Agitation und Propaganda sowie auch eigene Organisationsformen braucht.

Der zweite prägende Strang bei der Herausbildung der Frauenpolitik der Komintern waren die Erfahrungen der Rolle der proletarischen Frau in der russischen Revolution. Frauen spielten in der Revolution eine sehr wichtige Rolle. Die Bolschewiki setzten auch eine Reihe von Maßnahmen um die Selbstaktivierung der Frauen in der Revolution zu befördern. In Russland hatten die Bolschewiki schon im März 1917 ein eigenes Frauensekretariat etabliert, das von Inessa Armand geleitet wurde. In den Ortsparteien gründeten die Bolschewiki eigene Frauenabteilungen, die »Zenotdel«. Diese waren darauf ausgerichtet, den werktätigen Frauen ein organisatorisches Angebot in die Hand zu geben, um in der Revolution eine aktive Rolle einnehmen zu können. Diese Struktur war auch offen für Frauen, die keine Parteimitglieder waren. Parteilose Frauen befanden sich sogar in den Führungsstrukturen der »Zenotdel«. Weiters gab es ab dem November 1918 einen eigenen Allrussischen Kongress der Arbeiterinnen und Bäuerinnen, deren Delegierte in den Fabriken und Dörfern gewählt wurden. Delegierte wurden für ca. 3 Monate gewählt, konnten aber nur einmal gewählt werden, wodurch sehr viele Frauen in relativ kurzer Zeit wichtige politische Erfahrungen machen konnten.

Nach 1918 wurde auch in anderen Ländern von den KPen eine eigene Frauenagitation gestartet. Zu diesem Zweck wurden auch eigene Frauenbeilagen zu den kommunistischen Zentralorganen eingerichtet. Außerdem sollte jede Ortsgruppe der KP eine Genossin als »Vertrauensmännin« (so die Diktion der frühen KPDÖ) bestimmen, welche für die Organisierung von Frauen verantwortlich sein sollte. Auch auf den höheren Ebenen der Partei gab es eigene Verantwortliche für die Frauenarbeit. In der KPD wurde ein eigenes Sekretariat für Frauenagitation eingerichtet und 1920 die erste Frauenkonferenz der Partei abgehalten. Clara Zetkin sorgte dabei für die personelle Kontinuität zur proletarischen Frauenbewegung der Vorkriegssozialdemokratie.

Im Mittelpunkt des Kampfes um Frauenbefreiung der frühen KI stand die These, dass dieser Kampf gemeinsam von Frauen und Männern der ArbeiterInnenklasse geführt werden müsse und untrennbar mit dem Kampf für die sozialistische Revolution verbunden sei.

1920 wurde erstmals eine Internationale Konferenz kommunistischer Frauen abgehalten. Ergebnis der Debatten auf dieser Konferenz, die in den darauf folgenden Monaten mit der Führung der KI weitergeführt wurden, waren die »Richtlinien für die kommunistische Frauenbewegung«. Zur Umsetzung des in diesem Papier beschriebenen kommunistischen Programms zur Frauenbefreiung wurde ein Internationales Frauensekretariat etabliert, das sich aus mehreren Genossinnen zusammensetzen sollte, die von der internationalen Frauenkonferenz vorgeschlagen und dann von den Komintern-Kongressen bestätigt werden sollten. Das Frauensekretariat sollte mit dem EKKI eng zusammenarbeiten und eine Vertreterin zu dessen Sitzungen entsenden können, mit voller Stimme in allen frauenpolitischen Fragen und mit beratender Stimme in allen anderen Fragen. Ziel war aber, dass die Kommunistinnen »als gleichberechtigte und gleichverpflichtete Mitglieder den örtlichen Parteiorganisationen einzureihen und zur Mitarbeit in allen Parteiorganen und Parteiinstanzen heranzuziehen« sind. Es sollte also keine eigenständigen, autonomen Frauenorganisationen aber gezielt für die Arbeit unter proletarischen Frauen ausgerichtete Agitations- und Propagandakomitees geben. Lenin fasste laut Zetkin diese Orientierung folgendermaßen zusammen: »Aus unserer ideologischen Auffassung ergibt sich das Organisatorische: keine Sondervereinigungen von Kommunistinnen. Wer Kommunistin ist, gehört als Mitglied in die Partei wie der Kommunist. Mit gleichen Pflichten und Rechten. Darüber hinaus kann es keine Meinungsverschiedenheit geben. Jedoch dürfen wir uns einer Erkenntnis nicht verschließen. Die Partei muss Organe haben, Arbeitsgruppen, Kommissionen, Ausschüsse, Abteilungen oder wie sonst man sagen mag, deren besondere Aufgabe es ist, die breitesten Frauenmassen zu wecken, mit der Partei zu verbinden und dauernd unter ihrem Einfluss zu halten. Dazu gehört natürlich, dass wir ganz systematisch unter diesen Frauenmassen tätig sind. (...) Wir brauchen eigene Organe zur Arbeit unter ihnen, besondere Agitationsmethoden und Organisationsformen. Das ist nicht Feminismus, das ist praktische, revolutionäre Zweckmäßigkeit.«

Zetkin zufolge gab es gegen diese Ansicht großen Widerstand seitens vieler männlicher Genossen. Für Lenin und Zetkin stellten diese Maßnahmen aber genauso wie spezifische Forderungen gegen Frauenunterdrückung eine Notwendigkeit aufgrund der besonderen »Nöte und Demütigungen der Frau« dar. Es geht darum zu zeigen, dass die KommunistInnen »alles hassen, jawohl hassen und beseitigen wollen, was die Arbeiterin, die Arbeiterfrau, die Bäuerin, die Frau des kleinen Mannes, ja in mancher Beziehung sogar auch die Frau der besitzenden Klassen drückt und quält.«

Die besondere Rolle von Frauen im Kampf um Frauenbefreiung erklärte Trotzki in einer Grußbotschaft an eine Versammlung von Arbeiterinnen 1923 folgendermaßen: »Aber die, die am energischsten und beharrlichsten für das Neue kämpfen, sind die, die am meisten unter dem Alten leiden. Und unter den bestehenden Familienverhältnissen leidet die Frau und Mutter am meisten.«

Mit der Stalinisierung der KI ab Mitte der 1920er Jahre wurden viele der positiven Ansätze in der kommunistischen Frauenpolitik wieder zunichte gemacht. Führende Köpfe der kommunistischen Frauenbewegung wie Zetkin und Kollontai vollzogen diesen Kurswechsel ebenfalls mit. Es gehört zum Verdienst der Linken Opposition die besten Traditionen der Bolschewiki auch in dieser Frage gegen die stalinistische Bürokratie verteidigt zu haben.

Die autonome Frauenbewegung

Einen neuerlichen Aufschwung im Kampf gegen Frauenunterdrückung sahen wir mit der Frauenbewegung Ende der 1960er und Anfang der 1970er Jahre. Diese Bewegung sollte auch nachhaltige Auswirkungen auf die Organisationen der ArbeiterInnenbewegung und der radikalen Linken haben.

Überall begannen Genossinnen ihre Stellung in diesen Organisationen und die auch dort vorherrschenden traditionellen Rollenbilder zu hinterfragen. Kritik wurde laut, dass der Kampf gegen Frauenunterdrückung immer zugunsten »wichtigerer« Fragen hintangestellt wird. Viele Frauen kamen damals zu dem Schluss, dass sie sich autonom von der SPÖ, KPÖ oder auch linksradikalen Organisationen wie der GRM organisieren müssten.

In Österreich ist die Debatte in der GRM ab Mitte der 1970er über eine autonome Organisierung von Frauen bzw. den Stellenwert von Frauen in der Linken sehr lehrreich. Zu Recht forderten die Genossinnen eine inhaltliche Auseinandersetzung mit einer Reihe von theoretischen Fragen: Entstehung und Entwicklung der Kleinfamilie, Sexismus in der ArbeiterInnenbewegung usw. Zur Aufarbeitung dieser Themen wurde auch eine Frauenkommission eingerichtet. Auf Wunsch der Genossinnen sollten keine Männer in dieser Kommission mitarbeiten. Außerdem weigerten sich die Genossinnen einen Platz in den Leitungsgremien zu übernehmen, weil sie nicht als »Alibifrauen« gelten wollten. Die Gesamtorganisation gab dieser Position nach, und dies hatte den Effekt, dass die »Frauenfrage« auf die Frauen abgeschoben wurde, ohne dass es über die Leitungsgremien einen kollektiven Diskussionsprozess in der gesamten Organisation gab. Dies führte erst recht zu Spannungen zwischen Genossinnen und Genossen. In

33

der weiteren Folge machte die GRM unter dem Druck der Genossinnen einen Kurswechsel in der »Frauenfrage«, was zu einer schrittweisen Anpassung an die autonome Frauenbewegung führte.

Sozialdemokratie und Quote

Der Kampf der Frauen gegen Sexismus und für einen wichtigen Platz in der Organisation lässt sich auch in der Sozialdemokratie zumindest bis in die 1970er Jahre zurückführen und stand natürlich auch unter dem Eindruck der autonomen Frauenbewegung dieser Zeit bzw. wurde von dieser beflügelt. Neben der sozialen Benachteiligung durch Doppel- und Dreifachbelastung, die es vielen Frauen allein schon aufgrund ihrer schwierigen Lebensumstände de facto unmöglich macht, politisch aktiv zu sein, herrschten und herrschen auch in der Sozialdemokratie und den Gewerkschaften Sexismus und männliche Seilschaften vor. Diese von bürgerlichen Vorurteilen bezüglich der Rolle von Frauen geprägte Organisationskultur war ein offensichtliches Hindernis für die politische Aktivität von Genossinnen. Über Jahrzehnte mussten diese für ihre spezifischen politischen Forderungen auch gegen die Männer in der eigenen Partei kämpfen. Ein gutes Beispiel liefert die Debatte zum Recht auf Abtreibung. Erst unter dem Eindruck einer starken Frauenbewegung, die diese Frage in den Mittelpunkt rückte, kippten in der SPÖ letztlich die Mehrheiten. Kreisky, der selbst alles andere als ein Feminist war, versuchte als Erster Schritte zur Integration der Frauenbewegung in die Sozialdemokratie. Ein wichtiges Signal war, dass Frauen gezielt in die Regierung geholt wurden. Das beste Beispiel ist Johanna Dohnal als Frauenstaatssekretärin. Sie sollte auch einen wichtigen Beitrag dazu leisten, dass Teile der Frauenbewegung den Weg der Institutionalisierung beschritten.

Angesichts der ständigen Widerstände gegen zentrale Forderungen der SP-Frauen und die Weigerung Genossinnen in Führungspositionen zu lassen, suchten Dohnal & Co. in Maßnahmen wie der Quote einen Ausweg um ihre Position abzusichern. Am Bundesparteitag 1985 wurde dann die Frauenquote erstmals ins Parteistatut aufgenommen. In einem ihrer letzten Interviews meinte Dohnal: »Ohne Quote geht gar nichts. Und das gilt auch für meine Partei. Wenn die SPÖ-Frauen nicht bald das Regulativ ändern und Sanktionen festschreiben, dann schaut unsere Partei in 10 Jahren punkto Frauen schlecht aus. 1985 haben wir durchgesetzt, dass 25 Prozent der Abgeordneten im Parlament Frauen sein müssen. Aber schon nach kurzer Zeit habe ich begriffen, dass wir das nie erreichen werden, wenn wir die Quote nicht auf 40 Prozent anheben. Ich hätte die Quote ja überhaupt auf 50 Prozent erhöht. Jetzt sind wir bei einem Frauenanteil von offiziell 40 Prozent, de facto sind es 38 Prozent. Wenn die Quotenregelung nicht klar gesetzlich geregelt und mit Sanktionen, die wirklich greifen, verbunden wird, wird sich nichts verändern. Eine Frau in einem Gremium ist ja noch keine Frauenbewegung! Und jede Frau, die rauf kommt, muss andere Frauen fördern. Wenn sie es nicht tut, kann ich auch nichts machen.«

Mit dem Niedergang der Frauenbewegung und ihrer Institutionalisierung wurde diese Position natürlich verfestigt.

Einerseits weil wieder weit weniger Frauen politisch aktiv waren und viele sich ins Privatleben zurückgezogen haben und das auch in Organisationen wie der SPÖ und der SJ sichtbar wurde. Die Logik war, dass mit diesem organisatorischen Hilfsmittel die Errungenschaften abgesichert und ein politischer Backlash verhindert werden sollte. Diese Überlegung ging aber auf keinen Fall auf, weil die Entwicklung des Kapitalismus dieses angebliche Schutzschild für Frauenrechte erdrückte. Der wachsende Druck auf die Sozialdemokratie seitens der herrschenden Klasse hat auch in der Frauenpolitik ihre Spuren hinterlassen. Der ökonomische Spielraum für Reformen wurde massiv eingeschränkt, und das führte dazu, dass auch die SPÖ-Politikerinnen, die durch die Quote leichter in Führungspositionen gelangten, ihre sozialen Forderungen auf die lange Bank schoben und sich verstärkt auf eine Politik des Symbolismus konzentrierten und gleichzeitig Sparpakete, die Ausdünnung sozialer und öffentlicher Dienstleistungen akzeptierten, was wiederum vor allem Frauen traf. Entscheidend ist, dass die Frauen, die durch die Quote in führende Funktionen und Ämter kommen, genauso zu einem Teil der Bürokratie werden und nach deren Logik agieren. Selbst Johanna Dohnal fiel diesem Prozess bereits zum Opfer, wenn auch weit weniger als ihre Nachfolgerinnen. Das entscheidende Kriterium ist also nicht das Geschlecht sondern die soziale Stellung und die politische Perspektive, mit der jemand eine politische Funktion antritt – egal ob Mann oder Frau.

Den wahren Charakter sozialdemokratischer Frauenpolitik ab Mitte der 1980er am Beispiel Deutschland beschreibt die prinzipielle Quotenbefürworterin Mechtild Jansen in dem Buch »Halbe-halbe«: »Mit den herannahenden Wahlzeiten ist die Arbeitsgemeinschaft sozialdemokratischer Frauen mehr durch das entschiedene Verlangen nach innerparteilicher Gleichstellung und Quotierungsforderung aufgefallen. (...) Aber – abgesehen vom Verweis auf die Unlust der Männer, Macht abzugeben – fehlt es an einer Erklärung, wie es schon in sozialdemokratischen Regierungszeiten zu einer erheblich erschwerten Lage der Frauen kommen konnte. Auffallend ungenauer und leiser sind die Ausführungen zu einer neuen Politik, die die reale Lebenslage der breiten Schichten der Frauen verbessern könnte. Erst recht mangelt es an Kampfstrategien und Initiativen zur Verhinderung des konkret stattfindenden Abbaus von Frauenarbeitsplätzen und für neue Beschäftigungsprogramme.« (Mechtild Jansen, »Halbe-halbe«, S. 14)

Vor diesem Hintergrund rückte die Forderung nach Quoten immer mehr in den Mittelpunkt feministischer Debatten. Gedacht war die Quotierung als »Konzeption bürgerlicher Gleichstellung« (M. Jansen, a.a.O., S.12). Jansen weiter: »Jene autonomen Varianten, die das Problem der Chancenungleichheit und Diskriminierung auf den Geschlechtergegensatz, d.h. die Unterwerfung der Frau durch den Mann als grundlegendes Strukturelement der bestehenden Ordnung, reduzieren, reduzieren auch seine Lösung auf eine Frage des formalen Verteilungskampfes allein zwischen den Geschlechtern. Eine gewisse Logik erheischt diese Einschätzung höchstens aus der Sicht eines privilegierten Status – hier bleibt in der Tat nicht mehr zu tun, als den Männern Privilegien abzunehmen. Aber wie groß ist der Kreis der Frauen, die eine gesicherte, nicht abhängige, nicht entfremdete Erwerbsarbeit, freie Entfaltungsmöglichkeiten familiärer, bildungsmäßiger, kultureller etc. Art haben? Nur wer von solchem Status aus absieht von sozialen Unterschieden und Interessensgegensätzen, kann allein die sofortige 50prozentige Aufteilung aller Plätze der Gesellschaft als Lösungsmodell vorschlagen.« (Jansen, a.a.O., S.15) Jansen warnt vor diesem Hintergrund vor der »Tücke einer Formalisierung und Verabsolutierung der Debatte um Quotierung.«

Mangels einer realen Frauenbewegung bzw. dem Ende des Klassenkampfzyklus der 1970er, der in vielen Ländern sogar die Frage einer revolutionären Umwälzung der Gesellschaft aufgeworfen hatte und in dessen Rahmen wir auch die Frauenbewegung jener Zeit sehen müssen, ersetzte die Quotendebatte die Debatte über Perspektiven des Kampfes für Frauenbefreiung und Sozialismus. Erst unter diesen gesamtgesellschaftlichen Bedingungen rückte die Frage der Quoten überhaupt ins Zentrum der politischen Aufmerksamkeit. Dies zeigt sich auch daran, dass gerade die Linken unter den sozialdemokratischen Frauen, als diese Debatte Ende der 1970er aufkam, noch gegen die Quote und Formalisierungen im Streben nach innerparteilicher Gleichstellung argumentierten. Die Sorge war, dass die Parteiführung dann mittels der Quote einfach ihr angenehme Frauen in Führungspositionen hieven würde. Die politischen Niederlagen jener Jahre hinterließen aber auch bei den linken Genossinnen Spuren und ließ sie letztlich Zuflucht suchen in der Quote.

Quoten wurden auch ein wichtiges Instrument für jene Teile der Frauenbewegung der 1970er, die den Weg der Institutionalisierung beschritten haben und nicht zuletzt eigene Karriereinteressen verfolgten.

Die entscheidende Frage ist vielmehr, wie es gelingen kann, dass Frauen verstärkt sich politisch und gewerkschaftlich organisieren. Die Quote löst dieses Problem in keiner Weise. Dies geht nur über eine kämpferische Politik für die sozialen und politischen Interessen der ArbeiterInnenklasse im Allgemeinen und von Frauen im Speziellen, wobei der Kampf gegen jede Form von Frauenunterdrückung als zentrales Politikfeld zu gelten hat.

Die Geschichte der SJ in den 1990ern zeigt sehr schön, dass die Quote allein die Stellung der Frauen in der Organisation nicht verbessern kann. Das Fehlen einer realen Frauenbewegung und eine fehlende sozialistische Perspektive im Allgemeinen und gerade auch in frauenpolitischen Fragen führten dazu, dass die Genossinnen in Führungsgremien in ihrer überwiegenden Zahl nur die Funktion von »Quotenfrauen« erfüllten. Das allgemeine Organisationsklima war weiterhin geprägt von mehr oder weniger offenem Sexismus (sexistische Witze,…) und traditionellen Rollenbildern (z.B. Genossinnen, die ohne zu überlegen vor Ende des politischen Seminarprogramms in die Küche gingen um zu kochen). Schminkkurse statt Kampf gegen Frauenunterdrückung war das Programm der SJÖ damals. Es waren die GenossInnen der Funke-Strömung, die als erste in dieser Phase einen Kontrapunkt setzten und eine grundlegende Broschüre zum Thema Marxismus und Frauenbefreiung erarbeiteten und in der SJ zur Diskussion stellten.

...zu Freiräumen

Erst mit der linken Wende begann auch dieser lange Zeit stark vernachlässigte Bereich der politischen Arbeit der SJ neu belebt zu werden. In dieser Zeit kam es auch zu einer Politisierung der Frauenpolitischen Kommission (FPK), in der linke SJlerinnen frauenpolitische Arbeit begannen. Die Geschichte der proletarischen Frauenbewegung zeigt, dass eine solche Kommission prinzipiell ein wichtiges Instrument sein kann, um junge Frauen zu organisieren. Die SJ hat in den folgenden Jahren den Kampf gegen Frauenunterdrückung gezielt zum Thema gemacht (8. März, Aktionstage gegen Gewalt an Frauen, eigene Seminare,...) und damit auch sichtbare Erfolge bei der Organisierung von Frauen gehabt.

In der SJ hat sich auch die Meinung durchgesetzt, dass junge Frauen aufgrund ihrer spezifischen Sozialisation besonders gefördert gehören. Dieser Ansatz lässt sich durchaus auch mit den Begründungen der proletarischen Frauenbewegung und der KI für eine eigene Frauenagitation aufgrund einer »über Jahrtausende geschaffenen besonderen Psyche der Frau« in Einklang bringen. Eigene Frauentreffen können zusätzlich zu den Seminaren, Diskussionen und Aktivitäten der Gesamtorganisation einen Beitrag dazu leisten, dass junge Frauen speziell gefördert werden. Aufgrund ihrer Sozialisation ist es für sie oft viel schwerer in der Organisation eine führende Rolle einzunehmen. Auf diesem Gebiet hat die FPK teilweise durchaus erfolgreiche Arbeit geleistet. Im Vergleich zu früher ist der Anteil an Funktionärinnen in der SJ weit größer, das ist mit Sicherheit auch ein Ergebnis dessen, dass der Kampf gegen Frauenunterdrückung im Zentrum der SJ-Arbeit steht und Mädchen bewusst gefördert werden.

Entscheidend ist aber letztlich mit welchem politischen Konzept eine solche Kommission organisiert wird. Und hier setzt unsere zentrale Kritik an der frauenpolitischen Arbeit der SJ an. Die FPK und das Femsem sind nichts anderes mehr als Frauenfreiräume, in der einzelne Aspekte von Frauenunterdrückung aufgearbeitet werden, ohne diese Fragen direkt mit einer sozialistischen Perspektive der Frauenbefreiung zu verbinden. Clara Zetkin hat ähnliche Ansätze als »bürgerliche Frauenrechtlerei« kritisiert. Was in der SJ-Frauenpolitik heute fehlt, sind politische Diskussionen geschweige denn Taten, die den Ansprüchen einer marxistischen SJ gerecht werden könnten. Die zentrale Schwäche der SJ liegt in der künstlichen Trennung von Minimal- und Maximalprogramm, in »realistische« Reformforderungen für das Hier und Jetzt einerseits und das Fernziel einer sozialistischen Gesellschaft andererseits. In der frauenpolitischen Arbeit wird dieser Ansatz, dem Reformismus eigen ist, ganz besonders gut deutlich.

Bei der letzten Frauenkonferenz der SJÖ wurde erstmals offen andiskutiert, dass die FPK, wenn es nach den Vorstellungen der Frauensprecherin geht, eine Art politischen Alleinvertretungsanspruch im Kampf um die Befreiung der Frau erhalten soll. Dieses organisatorische Konzept, das der FPK ein Vetorecht in allen frauenpolitischen Fragen geben würde, lehnen wir als einen schweren Fehler ab. Diese Organisationsform widerspricht völlig unserem Ansatz, dass der Kampf um Frauenbefreiung untrennbar mit dem Kampf für den Sozialismus verbunden ist und dementsprechend die gesamte ArbeiterInnenklasse die zentrale Rolle in diesem Bestreben einnehmen muss. Nicht nur das: Auch der Kampf um ein gesundes Geschlechterverhältnis in der Organisation muss die Sache aller GenossInnen unabhängig von ihrem biologischen Geschlecht sein. Die Debatten zu diesen Fragen müssen breit und von allen GenossInnen geführt werden. Nur so kann das nötige Bewusstsein in diesen Fragen sowie eine gemeinsame Aktion entstehen, die unter der Losung zu stehen hat:

Keine Frauenbefreiung ohne Sozialismus – kein Sozialismus ohne Frauenbefreiung!

Die Forderung nach Quoten, Frauenfreiräumen etc. war eine verständliche Reaktion der Genossinnen auf eine männlich dominierte Organisationskultur, in der männliche Rollenbilder einen höheren Stellenwert genießen als weibliche Rollenbilder. Wer lauter und wortgewandter ist, wer von Anfang an mehr Selbstbewusstsein in die Organisation mitbringt, der hat einen Vorteil. Das sind tendenziell mehr Männer als Frauen. Ausnahmen bestätigen natürlich die Regel. Das erklärt aber auch die Dominanz von GenossInnen aus »besseren Verhältnissen« bzw. aus bildungsnahen Schichten gegenüber ArbeiterInnenjugendlichen. Die Reproduktion von gesellschaftlichen Unterdrückungsmechanismen in den reformistischen Massenorganisationen provoziert verständlicherweise Gegenreaktionen. Lenin hat z.B. geschrieben, die ArbeiterInnenbewegung zahlt für den Opportunismus mit dem Preis des Linksradikalismus. Ähnlich verhält es sich mit dem bürgerlichen Feminismus, der sich nicht zufällig gerade an dem Punkt in der Sozialdemokratie und den Gewerkschaften breitmachen konnte, als die Bürokratie Ende der 1970er/Anfang der 1980er ihre Macht aufrechtzuerhalten versuchte und die großen Klassenkämpfe und sozialen Bewegungen ausebbten.

Dies hatte aber nur den Effekt, dass Frauenquoten und Frauenfreiräume zur Herausbildung einer Art neuen Bürokratie in den Massenorganisationen führten. Eine kleine Schicht relativ privilegierter Frauen schaffte sich über diesen Weg eine Plattform, von der aus sie selbst Teil der Bürokratie wurde. Der grundlegende Charakter der Bürokratie hat sich nicht geändert, nur ihre Zusammensetzung und ihr Erscheinungsbild.

In Wirklichkeit heben sich in Frauenfreiräumen, die nach dem Politikverständnis reformistischer Organisationen funktionieren, genauso kleine Eliten über den Rest empor. Auch hier werden die Widersprüche zwischen Führung und Basis reproduziert. Selbst in der autonomen Frauenbewegung in den 1970ern und 1980ern, die über basisdemokratische Konzepte die »patriarchalen Hierarchien« bewusst zu überwinden versuchten, war dies der Fall. Ein gutes Beispiel liefert ein Bericht einer damals jungen, politisch unerfahrenen Aktivistin in den Frauenzentren in dem Buch »Donauwalzer – Damenwahl: Frauenbewegte Zusammenhänge in Österreich«: »Die ersten Schritte ins Frauenzentrum waren meist aufregend. Auf anfängliche Unsicherheit folgte der oft langwierige Prozess, sich im Beziehungsgefüge zu orientieren und einen eigenen Platz zu finden. Einschüchternd und verwirrend die

Plena, wo Frauen ‚mit politischen Erfahrungen' das Geschehen bestimmten; ungewohnt die Sprache, der Jargon; (…) Eine ‚politische Mutter' konnte den Weg durch den Dschungel der linken Szenerie und der feministischen Pflichtlektüre weisen. Der erste Schritt zur Integration: am Plenum zu Wort zu kommen, eine notwendige Bedingung dafür, ‚jemand zu sein'.« Auch hier gab einen »innersten Kreis« an politischen Kadern, wenn wir so wollen, die der Organisation den Stempel aufdrückten. Und es zählten dieselben Fähigkeiten, wollte eine Frau dazugehören, wie dies in herkömmlichen politischen Organisationen der Fall ist.

Noch einmal zur Frage der Quoten

Wir haben gezeigt, unter welchen Umständen in den Organisationen der ArbeiterInnenbewegung Frauenquoten Eingang gefunden haben und scheinbar unverrückbarer Teil der Organisationsstruktur wurden. Organisatorische Methoden sind immer abgeleitet von politischen Ideen und einem theoretischen Konzept. Anhand der proletarischen und der kommunistischen Frauenbewegung haben wir versucht das darzulegen. Frauenbefreiung ist aus marxistischer Sicht untrennbar verbunden mit dem Kampf für die revolutionäre Überwindung des Kapitalismus. Das definierte laut Zetkin & Co. die Rolle von Frauensekretariaten, Frauenkommissionen usw. in der Gesamtorganisation. Welchen Zweck haben die Organisationen der ArbeiterInnenbewegung und der Linken zu erfüllen? Aus marxistischer Sicht haben sie die Funktion eine möglichst große Einheit aller Lohnabhängigen im Kampf gegen Ausbeutung und alle Formen von Unterdrückung und für die Überwindung des Kapitalismus herzustellen. Quoten mögen ein Mittel sein, um einer kleinen Schicht von im Regelfall privilegierten Frauen den Weg nach oben zu ebnen. Die Masse der Frauen wird aber durch die Möglichkeit, welche die Quote bieten würde, nicht politisch aktiv werden. Zu schwer wiegen in normalen Zeiten Beruf, Hausarbeit, Kindererziehung und traditionelle Rollenbilder auf ihren Schultern.

Dazu kommt der Aspekt, dass Quoten für spezielle Gruppen der Klasse das demokratische Grundprinzip von revolutionären Organisationen aushebelt. Konsequent zu Ende gedacht, würde es bedeuten, dass die Organisation in eine Vielzahl von Sektoren aufgegliedert wird, die allesamt ihre eigene Struktur haben, wo sie für sie spezifische Fragen selbständig behandeln können und dann über eine Quote in den Führungsgremien der Gesamtorganisation vertreten sind. Das wäre eine gefährliche Logik, die den Keim der Spaltung der Klasse und ihrer Organisationen entlang verschiedener Kriterien (Geschlecht, Alter, Nation, Qualifikation,…) in sich trägt.

Unser Ansatz muss ein anderer sein. Der Kapitalismus liefert dazu selbst seine TotengräberInnen, nicht zuletzt indem er die Frauen über die Erwerbsarbeit ins öffentliche Leben gestoßen hat. Sowohl Marx und Bebel wie auch Clara Zetkin haben darin das größte Potential gesehen, dass Frauen zu politischen Subjekten werden können. SozialistInnen müssen auf Grundlage eines klassenkämpferischen Programms für höhere Löhne, den Ausbau des Sozialstaates und die Vergesellschaftung der Hausarbeit aber auch gegen alle Formen von Sexismus und Diskriminierung Frauen eine politische Perspektive bieten. In sozialen Bewegungen stehen eigentlich immer plötzlich viele Frauen in der ersten Reihe, die es in den Reihen der ArbeiterInnenbewegung zu organisieren gilt. Das sollte unser Ansatz sein, wie Frauen eine aktive und führende Rolle in linken Organisationen einnehmen können. Die Quote ist dazu ein denkbar ungünstiges Instrument.

Reale Verbesserungen gab es für Frauen immer nur im Zuge großer sozialer Bewegungen und Klassenkämpfe. Das war so in der revolutionären Welle nach dem Ersten Weltkrieg und später in den 1970ern. Die BefürworterInnen der Quote argumentieren, dass die Linke darauf aber nicht einfach warten könne. Wenn wir die Gesellschaft schon nicht umwälzen können, dann sollten wir zumindest in einer Art Zwischenschritt dafür sorgen, dass Frauen in der bestehenden Gesellschaft einen größeren Stellenwert erhalten. Das stimmt insofern, als es hier und jetzt den Kampf um konkrete soziale Reformen bzw. Angriffe auf soziale Errungenschaften der Vergangenheit zu führen gilt. Es kann aber nicht bedeuten, dass wir uns zum Ziel stecken, dass Frauen verstärkt in den Institutionen der bürgerlichen Herrschaft, wo die wichtigen Entscheidungen gefällt werden, vertreten sind. Dies ist aber der Ansatz jene, die durch gesetzlich festgelegte Quoten Verbesserungen herbeiführen wollen. Die Frauenquoten bei der Erstellung von Listen für die Wahl zum Parlament war der erste Schritt. Doch dabei sollte es nicht bleiben. Mittlerweile gehört auch die Forderung nach »mehr Frauen in Führungspositionen und eine verpflichtende Quote in Vorstandsgremien und Aufsichtsräten" (aus: Unsere Ziele, ÖGB-Frauen) zum Programm nicht nur von offen bürgerlichen Organisationen sondern auch den feministischen Teilen der ArbeiterInnenbewegung. Die damit verbundene Hoffnung lautet, dass Regierung und Parlament bzw. die Unternehmensleitungen mehr die Bedürfnisse von Frauen in ihre Entscheidungen einfließen lassen. Damit wird aber eine gefährliche Illusion geschürt, die völlig die Mechanismen der kapitalistischen Ordnung verkennt. In der Tat stellen weibliche Spitzenpolitikerinnen oder Topmanagerinnen Sparzwang und Profitlogik genauso über die Interessen der breiten Masse von männlichen und weiblichen Lohnabhängigen, wie dies Männer in solchen Funktionen machen. Thatcher, Merkel, die Heerscharen von Ministerinnen in den Regierungen von Berlusconi und Sarkozy untermauern dieses Faktum eindrücklich. Für Frauen als Spitzenmanagerinnen oder Unternehmerinnen gilt dasselbe. Brigitte Ederer agiert wie es jeder männliche Chef an der Spitze von Siemens auch täte. Welcher lohnabhängigen Frau ist geholfen, wenn sie von einer Frau einen geringeren Lohn als ihre männlichen Kollegen ausbezahlt bekommt? Oder wenn sie von einer Frau entlassen wird? Oder wenn eine Chefin oder Managerin davon spricht, dass »auch Frauen schaffen können« Familie und Karriere unter einen Hut zu bringen, während sie ihre Wohnung von einer billigen Putzfrau aus Osteuropa reinigen und ihre Kinder von einem unterbezahlten Au Pair-Mädchen betreuen lässt?

Jedes Bestreben gegen jede Form der Diskriminierung werden wir unterstützen.

Aber als SozialistInnen sind wir indifferent gegenüber der Frage, wie die herrschende Klasse ihre leitenden Organe besetzt. Diese Forderung steht völlig außerhalb der Logik, dass Frauenbefreiung nur durch einen gemeinsamen Kampf der gesamten ArbeiterInnenklasse entlang eines sozialistischen Programms erreichbar ist. Wenn uns linke BefürworterInnen einer derartigen Quotenforderung entgegenhalten, dass damit zumindest Mädchen und jungen Frauen sehen können, dass Frauen mehr sein können als Hausfrau und Mutter, dann mag das stimmen. Aber auch wenn jede einzelne Frau das Recht auf Karriere haben soll, so wälzen wir keine Überlegungen, wie eine spezielle Gruppe in dieser auf Ausbeutung und Unterdrückung basierenden Gesellschaft bessere Karrierechancen bekommen soll. Aufsichtsräte sind eine zentrale Führungsebene in der kapitalistischen Ordnung. Unser Konzept lautet nicht Feminisierung der Aufsichtsräte so wie wir auch gegen eine verstärkte Mitsprache von Betriebsräten in Aufsichtsräten sind. Wir kämpfen hingegen für ArbeiterInnenkontrolle in den Betrieben.

Natürlich sind wir sehr wohl daran interessiert, dass in unseren Organisationen möglichst viele Frauen aktiv sind und eine führende Rolle einnehmen. Mädchen und junge Frauen, vor allem jene aus der ArbeiterInnenklasse, sollen in den Medien und im öffentlichen Leben sehen können, dass Frauen eben nicht nur nach traditionellen Frauenbildern leben. Aber es sollen Frauen einer organisierten ArbeiterInnenbewegung mit revolutionärem Programm sein, die ihnen Vorbild sein können, und nicht Betriebsrätinnen und Managerinnen, die in Aufsichtsräten von Konzernen sitzen. Um dies zu erreichen, müssen SozialistInnen in erster Linie konsequent die Interessen v.a. der proletarischen Frauen zum Thema machen und dem Sexismus – auch in den eigenen Reihen - den Kampf ansagen.

Zusammenfassung

Zusammenfassend kann das Verhältnis der proletarischen Frauenbewegung zur Gesamtbewegung wie folgt beschrieben werden: Revolutionäre MarxistInnen gehen von der Notwendigkeit einer revolutionären Partei aus, deren Ziel die größtmögliche Einheit der ArbeiterInnenklasse auf der Grundlage eines sozialistischen Programms ist. Ihr Ziel ist die revolutionäre Überwindung des Kapitalismus und die Befreiung der ArbeiterInnenklasse von Ausbeutung und allen Formen der Unterdrückung. Der Kampf um Frauenbefreiung ist untrennbar verbunden mit dem Kampf für Sozialismus. Doch dieser Kampf kann nur erfolgreich sein, wenn die ArbeiterInnenklasse alle Formen der Spaltung im Klassenkampf überwindet. Als Vorbedingung dafür sah Trotzki: »Um die Lebensbedingungen zu ändern, müssen wir lernen sie mit den Augen der Frauen zu sehen.« (aus: Fragen des Alltagslebens)

Selbst in einer revolutionären Organisation spiegeln sich die Unterdrückungsmuster der kapitalistischen Ordnung sowie die unterschiedliche Sozialisation der Geschlechter wider. Dem gilt es aktiv und möglichst kollektiv als Gesamtorganisation gegenzusteuern. Sexismus darf wie Rassismus in einer revolutionären Organisation keinen Platz haben. Verhaltensmuster von Genossen und Genossinnen, die die sozialisationsbedingten Unterschiede zwischen den Geschlechtern reproduzieren, sind regelmäßig kritisch zu reflektieren und aktiv zu bekämpfen. Der in unserem Theoriemagazin »Aufstand der Vernunft Nr. 7« gemachte Vorschlag einer eigenen Kommission, die das Geschlechterverhältnis in der Organisation analysiert und auf dieser Grundlage den Gremien der Gesamtorganisation Vorschläge macht, um negativen Entwicklungen entgegenzuwirken, ist aus unserer Sicht eine geeignete Form dieses Problem in der revolutionären Organisation zu bekämpfen. Frauen sind auch gezielt durch besondere Maßnahmen v.a. auf dem Gebiet der politischen Schulung zu fördern. Eigene Frauentreffen können dazu dienlich sein. Um möglichst große Teile des weiblichen Proletariats organisieren zu können, muss die revolutionäre Organisation eine eigene Agitation, die auf Frauen ausgerichtet ist, entwickeln und zu frauenpolitischen Fragen eigene Veranstaltungen anbieten. Die besondere Rolle von Frauen im Kampf gegen Frauenunterdrückung brachte Trotzki in folgendem Zitat aus einer Rede auf der Dritten All-Unions Konferenz zum Schutze der Mütter und der Kinder, die er 1925 gehalten hatte, auf den Punkt: »Und genau so, Genossen, ist diese Wand von Familienvorurteilen, im Verhalten des Familienoberhauptes gegenüber der Frau und dem Kind – die Frau ist der Kuli der Familie – diese Wand ist über Jahrtausende, nicht über Jahrhunderte aufgebaut worden. Und so seid ihr – müsst ihr sein – der moralische Rammbock, mit der diese Wand des Konservativismus, die in unserer alten asiatischen Natur, in der Sklaverei, in der Knechtschaft, in bürgerlichen Vorurteilen und in den Vorurteilen selbst der Arbeiter, wurzelt, die aus den schlimmsten Seiten der bäuerlichen Traditionen hervorgekommen sind, durchbrochen wird. Insoweit ihr diese Wand zerstören werdet, wie ein Rammbock in der Hand der sozialistischen Gesellschaft, die aufgebaut wird, ist jeder bewusste Revolutionär, jeder Kommunist, jeder fortschrittliche Bauer und Arbeiter verpflichtet, Euch mit all seiner Kraft zu unterstützen. Ich wünsche Euch großen Erfolg Genossinnen, und vor allem wünsche ich euch mehr Aufmerksamkeit in unserer öffentlichen Meinung. Eure Arbeit die wirklich reinigend ist, wirklich gesund ist, muss in das Zentrum der Aufmerksamkeit unserer Presse gestellt werden, so dass sie unterstützt werden kann von allen progressiven Elementen im Land, und euch geholfen werden, Erfolge im Aufbau unseres Lebens und unserer Kultur zu erzielen."

Weitere Broschüren aus der *Roten Reihe*:

Nr. 16 Krieg und Revolution - Jännerstreik 1918
Nr. 19 Wider den Krieg - Texte von Luxemburg und Liebknecht
Nr. 20 Faschismus - Analyse und sozialistische Gegenstrategien
Nr. 22 So starb eine Partei - Der Weg in den Februar 1934
Nr. 25 ...zur Sonne, zur Freiheit - 110 Jahre Sozialistische Jugend Österreich
Nr. 26 Was tun? - revolutionäre Strategie und Taktik
Nr. 28 Chinas langer Marsch zum Kapitalismus
Nr. 29 «...uns aus dem Elend zu erlösen" - Marxismus und Religion
Nr. 30 Die großen Teamster-Streiks
Nr. 32 Frauen in linken Organisationen; Marxismus und Prostitution
Nr. 33 Eine kleine Geschichte der Schweizer Arbeiterbewegung
Nr. 34 Krise, Schulden, Staatsbankrotte
Nr. 35 Klasse und Organisation - Textsammlung zu marxistischer Organisationstheorie

Ich bestelle:
❏ ein *Funke*-Abo (€25 für 10 Ausgaben)
❏ ein Buch _____
❏ Rote Reihe Nr. _____ / AdV Nr. _____
❏ T-Shirt «Sozialismus oder Barbarei" Größe ____ (€10)

Ich will:
❏ Infos über eure Veranstaltungen und Aktivitäten
❏ aktiv werden

Name:

Straße:

PLZ & Ort:

Telefonnr.:

E-Mail:

der **funke**
Lustkandlgasse 10/1
A-1090 Wien

»Die Philosophen haben die Welt nur verschieden interpretiert, es kommt aber darauf an, sie zu verändern.«
Karl Marx

Der Funke ist aktiver Teil der organisierten ArbeiterInnen- und Jugendbewegung und unterstützt dabei alle Initiativen zum Aufbau eines organisierten linken Flügels in den traditionellen Organisationen der ArbeiterInnenklasse. Unsere Aufgabe sehen wir im Aufbau einer starken marxistischen Strömung, die eine sichtbare politische Alternative zum Reformismus darstellt, der mit seiner Ideologie der »Sozialpartnerschaft« und der nationalistischen Standortlogik die ArbeiterInnenklasse politisch lähmt. *Der Funke* ist all jenen ein Sprachrohr, die den Klassenkampf nicht durch die Angriffe der Bürgerlichen erleiden möchten, sondern im aktiven, selbstorganisierten Widerstand die einzige Perspektive sehen.

Am Beginn des 21. Jahrhunderts stellt sich einmal mehr die Frage eines grundlegenden Systemwechsels, denn wir stehen vor der Entscheidung: Sozialismus oder kapitalistische Barbarei. In den Ideen und Methoden des Marxismus sehen wir das nötige Rüstzeug, das die ArbeiterInnenbewegung benötigt, um einen Weg aus der Krise des Kapitalismus aufzuzeigen.

Marxistinnen und Marxisten sehen in Krisen, Kriegen und Revolutionen keine historischen Unfälle, sondern systembedingte Ereignisse – vielmehr betrachten wir den langen Aufschwung des Kapitalismus nach dem Zweiten Weltkrieg als wirtschaftliche und weltpolitische Ausnahmesituation, die nun der »Normalität« weicht. In der weltweiten Klassenauseinandersetzung sehnen wir uns daher nicht nach einem Zurück ins »Goldene Zeitalter« des regulierten Kapitalismus, sondern erheben Forderungen und propagieren Methoden, die auf eine Überwindung des aktuellen Gesellschaftssystems und seiner auf Profit und Nationalstaat basierenden Ökonomie abzielen. Die revolutionären Massenbewegungen in Lateinamerika, die Herausbildung von linken Formationen in der ArbeiterInnenbewegung, sowie die Erfahrungen der Betriebsbesetzungen und Produktion unter ArbeiterInnenkontrolle sind dabei die aktuellen Bezugspunkte unserer Perspektive: einer auf die Bedürfnisse des Menschen abgestimmten harmonischen

Entwicklung der Weltgesellschaft.

Im Studium theoretischer Fragen der revolutionären Arbeiterbewegung schärfen wir unser Verständnis für die politische Praxis. Der Kapitalismus ist ein weltweites System. Der Kampf für Sozialismus kann daher nur erfolgreich sein, wenn er international geführt wird. Die internationale Solidarität und die Vereinigung der Arbeiterinnen und Arbeiter aller Länder in einer Internationale sind Grundvoraussetzungen dafür. Deshalb steht *Der Funke* in politischer Solidarität mit der Internationalen Marxistischen Strömung rund um die Website www.marxist.com.

Wir freuen uns auf Literaturbestellungen, Anregungen, Fragen und Kommentare

In der Schweiz:
Der Funke
Postfach 1696
CH-8401 Winterthur
redaktion@derfunke.ch
www.derfunke.ch

In Österreich:
Verein »Gesellschaft und Politik«
Lustkandlg. 10/1
A-1090 Wien
redaktion@derfunke.at
www.derfunke.at

In Deutschland:
Der Funke e.V.
Postfach 2112
D-65011 Wiesbaden
Tel./Fax 0611/406807
redaktion@derfunke.de
www.derfunke.de

Denkzettel (Leo Trotzki)

Politische Erfahrungen im Zeitalter
der permanenten Revolution

Das neuerschienene Buch bietet einen hervorragenden Überblick über Leo Trotzkis Denken und seine politische Aktivität, die sich vom Anbruch des 20. Jahrhunderts bis zu seiner Ermordung durch Stalins Agenten im Jahr 1940 zieht. Er ist ein wahrhaft großer Vertreter des revolutionären Marxismus, stand an der Spitze beider russischer Revolutionen von 1905 und 1917 und zählt auch zu deren herausragenden Chronisten. Mit dem Kampf gegen die Stalinisierung der russischen Revolution und der historischen Analyse dieses Prozesses hinterließ er den nachgeborenen Generationen revolutionärer Marxistinnen und Marxisten ein schlagkräftiges Gegenargument zum angeblichen Scheitern des sozialistischen Projektes.

Trotzkis Sprachgewalt und seine weit gefächerten Interessen machen ihn für ein breites Lesepublikum interessant. Seine Feder greift weit über Tagespolitik hinaus, setzt sich fachkundig mit Literatur und Psychoanalyse, der Anwendung der materialistischen Dialektik auf die modernen Naturwissenschaften und den Fragen der menschlichen Alltagskultur auseinander.

Der vorliegende Band beinhaltet eine bedeutende Auswahl an 58 Texten Trotzkis und liegt mit einem erweiterten Register sowie einem neuen Vorwort erstmals seit über 20 Jahren dem deutschsprachigen Publikum vor.

Leo Trotzki, **Denkzettel**
Politische Erfahrungen im Zeitalter der permanenten Revolution
Verlag AdV, 496 Seiten, ISBN 978-3-9502191-4-2
Preis: 24 Euro inkl. Versand

Zu bestellen bei adv@derfunke.at
Auch über *Funke*-Verkäufer erhältlich.

Bisher in der Reihe *Aufstand der Vernunft* erschienen:

»We're not familiy« – Die verborgene Geschichte der USA
Mit weiteren Texten zur Frage marxistischer Programmatik
und zur »Heiligenüberproduktion« der katholischen Kirche
Aufstand der Vernunft Nr. 1 – Preis: 7 Euro

»Hasta la victoria, siempre!«
**Venezuela, Kuba: revolutionäre Strategie zur
Überwindung von Kapitalismus und Imperialismus**
Aufstand der Vernunft Nr. 2 – Preis 6,50 Euro

Pierre Broué: Die Deutsche Revolution 1918-23
Mit ergänzenden Texten von Leo Trotzki und weiteren
Beiträgen zur Geschichte der Deutschen Arbeiterbewegung
Aufstand der Vernunft Nr. 3 – Preis 7 Euro

D. Rjazanov: Marx und Engels – Nicht nur für AnfängerInnen
Neuauflage der Vorträge des sowjetischen Marx-Engels-Forschers
David Rjazanov über die Entstehung des wissenschaftlichen Sozialismus
Aufstand der Vernunft Nr. 4 – Preis 7 Euro

**Revolution in der Revolution
ArbeiterInnenkontrolle, ArbeiterInnenselbstverwaltung und Sozialismus
im 21. Jahrhundert – Perspektiven der Revolution in Venezuela und Kuba**
Aufstand der Vernunft Nr. 5 – Preis 7,5 Euro
ISBN 978-3-9502191-0-4

Von Flammen und Dampfkesseln – Die Russische Revolution 1917
Aufstand der Vernunft Nr. 6 – Preis 9 Euro
ISBN 978-3-9502191-1-1

Wenn Barbie und Ken streiken – Marxismus und Geschlechterverhältnis
Aufstand der Vernunft Nr. 7 – Preis 9 Euro / 15 SFr.
ISBN 978-3-9502191-2-8

Eure Krise zahlen wir nicht! – Eine marxistische Alternative zum Kapitalismus
Manifest der Internationalen Marxistischen Strömung (IMT)
zur kapitalistischen Krise
Aufstand der Vernunft Nr. 8 – Preis 5 Euro / 9 SFr.
ISBN 978-3-9502191-3-5

Der Ursprung des Christentums

Eine historische Untersuchung
(Karl Kautsky)

*Kein Stein wird auf dem andern bleiben;
alles wird niedergerissen werden.*
(Mt 24,2)

Der deutsche Sozialdemokrat Karl Kautsky veröffentlichte im Jahre 1908 eine bahnbrechende historisch-materialistische Analyse der Entstehung des Christentums. Sein Werk liegt nun zum ersten Mal in lateinischer Schrift vor.

Kautsky führt uns in die Welt der antiken Gesellschaften und zeichnet deren Niedergangsprozess nach. Schritt für Schritt legt er dar, wie die Krise der damaligen Produktionsweise und der Ökonomie ihren Ausdruck fand – in einer Krise der politischen Institutionen, der gesellschaftlichen Beziehungen und des gesamten Denkens. In dieser Atmosphäre entstand das frühe Christentum als Bewegung der Unterdrückten und Ausgestoßenen.

Kautskys Ursprung des Christentums war bis 1923 insgesamt 13 Mal aufgelegt worden. In der Folge ist dieser Klassiker jedoch weitgehend in Vergessenheit geraten. Zu Unrecht, wie wir meinen. Die materialistische Geschichtsauffassung, die Kautsky hier mit großer Fertigkeit an diesem Phänomen von welthistorischer Bedeutung anwendet, ist noch immer das beste Werkzeug für jene, die die Welt nicht nur interpretieren sondern auch verändern wollen.

Karl Kautsky, Der Ursprung des Christentums
Verlag AdV (2011)
Taschenbuch, 436 Seiten, ISBN 978-3-9502191-6-6
Preis: € 19,90 / SFr. 28,00

Zu bestellen bei adv@derfunke.at
Auch über *Funke*-Verkäufer erhältlich.